出去玩也能讀歷史!!

Happy

超好玩歷史

GO! 走!出門看臺灣故事

Taiwan

來!現在就出發,一邊玩一邊探索臺灣!
讓我們一起去發現臺灣各地景點、
各種特產、特色建築......
背後有哪些有趣的故事?

作者／王派仁

歷史現場的體驗與探究

上課不只在教室

讀歷史與地理的方法很多，坐在教室中被動聽老師上課是最簡單卻不見得最有收穫的方式，如果能走出教室到現場進行體驗與探究反倒印象最深刻，而且能夠成為學習過程的主人。

知識導向的學習

一般來說，學生在學習的過程中，應該同時學到「知識」、「技能」與「態度」，就社會科來看，還必須增加一項目標就是「行動」。不過即便臺灣經過了幾波的教改，在中小學的教育中，「知識」導向的教學依然難以撼動。

筆者從事國民教育社會科教學二十幾年，也參與過教科書的編輯與審查，更發現在現今的教育制度下，社會領域的學習，過度偏重於「知識」，因為老師和學生都必須在紙筆測驗中通過檢驗，對前者來說，學生成績好表示自己是稱職的教師；至於後者，拿到高分是進名校的保障。所以，對學生來說同樣重要（在社會領域可能更重要）的「探究」、「態度」的部分，就顯得薄弱許多，當然更不用提到要學生能夠去身體力行的「行動」。

旅遊與探索的「認識臺灣」

另外，從教材內容來看，「認識臺灣」在民國八十年左右，已經成為國中小學生課程內容很重要的一部分。只是不少教科書在編寫上過度強調學科本身的邏輯與

編排，所以讓「認識臺灣」這個主題，在學習上不容易引起學生的興趣。儘管「愛臺灣」的口號喊得震天亂響，但是卻缺乏對這塊土地的深刻認識。

在這本書中，筆者選取與我們生活在臺灣關係密切的七大類別，以「主題」學習的方式呈現，在每個主題的內容中，盡量完整呈現其來龍去脈，讓你了解該主題從古到今的發展，並藉由「臺灣小書房」專欄補充相關的背景。

除了知識，也強調「探索」與「探究」的能力的培養，每個主題最後有「探索臺灣一起去」專欄，內容包含：動腦思考、查資料以解決問題、實地考察……等，讓你進一步去探索發現或是印證書中的內容。

一起走出去看臺灣故事

不過，筆者最希望你在看了本書後，能夠親臨這些「歷史現場」，因為在筆者的經驗中，從「尋找」開始就是學習與認識的起點。唯有在這樣的過程中，才能去觀察、進行屬於你自己的紀錄，甚至找個當地的老者，可以進行一場「口述歷史」。

提醒你，有多一點的時間逗留，或許你會比筆者有更多的新發現，當然更重要的是去體驗與感受那悠悠的氛圍。出發前不要忘了帶相機、筆記本、筆、錄音工具，你可以留下自己的（地）圖、自己的發現、參觀筆記或心得。

讀完這本書，訪問完這些主題，你不需死記，而是能很自然的內化這些內容。

就讓我們一起走出去看臺灣故事，享受超好玩的歷史課。

目次 *Contents*

第一站
水利工程

水往高處流

新竹

保有早期客家農村面貌的新竹縣北埔鎮的南埔村，村內的南埔圳。

「**水往**低處流」是自然界的現象，想要讓「水往高處流」就得動動腦筋。尤其是在工業技術不發達的農業社會中，沒有抽水馬達，但是人們卻能利用水流的自然動力，達到「水往高處流」的目的。

水圳在以前對人們的生活有著舉足輕重的作用，舉凡日常生活的飲水、人畜盥洗、灌溉用水等，都得仰賴這些水圳。特別是因為水圳提供穩定的灌溉用水，使得臺灣的農產收成，不再只能看天吃飯。甚至許多原本缺乏水源的貧瘠土地，更因為水圳引水到位，而成為產量豐富的良田。

當然這些水圳在引水入田的過程中，會遇到一些困難，例如有的水圳必須跨越山谷；有些是農田的位置比水圳還高。所以必須克服這些地形的高低落差，才能從水源處把水流送到農田。也因為這樣，我們的老祖先必須發揮他們高度的智慧，發明各種水利工程與技術，其中之一就是水車。

超過百年歷史的南埔水車

使用木材、竹筒等來自大自然的材料，讓整座水車更有傳統的原味。

獅子頭圳通過水橋的入口，藉竹筒往下傾斜，竹筒內的水便會自動倒出來，就達到將圳水引到上層農地或水圳的目的。

　　位在新竹縣北埔鎮的南埔村，是一個還保有早期客家農村面貌的小村子。村內的南埔圳的圳路上，有一座超過百年歷史的水車。水車利用水流的推力，帶動水車上的葉片，使水車轉動。有些人利用水車的轉動帶動機械，來磨碾穀粒或者是小麥。也可以在水車上加上竹筒盛水，水車轉動的過程將圳水帶入地勢較高的農田，而這也是南埔水車最主要的功用。

　　水車的每個葉片上，有一角度傾斜的竹筒，當竹筒在水下時會裝滿水，隨著水車的轉動來到水車頂端時，竹筒形成往下傾斜，竹筒內的水便會自動倒出來，就達到將圳水引到上層農地或水圳的目的。

　　這座水車完工於清朝道光年間，到現在已超過一百六十年，由於整座水車還保

有使用木材、竹筒等來自大自然的材料，以及石頭砌成的基座，更感受到其悠久的歷史。當水車轉動時還可以聽到木材發出的「伊啞、伊啞」聲響，而竹筒的水就倒到高處的水圳，不禁令人覺得，在百多年前科技不發達的時代，先人的聰明才智真讓人佩服。

探索臺灣一起去

超級比一比

上圖是電動抽水馬達，現在的農夫若要將灌溉水源引到上層的農田，幾乎都是用電動抽水馬達，幾乎不再使用水車，為什麼呢？能不能對兩者的優缺點進行比較呢？

生態工法的老河堤

臺中

卵石河堤上的綠色植物，充滿盎然的生機

臺灣 的河川到了夏天的雨季，很容易造成氾濫，因此建造河堤防止高漲的河水淹沒農田與家園，是長期以來一直使用的方法。只是隨著新的建築技術與材料的發展，現在的河堤幾乎都是用鋼筋水泥為材料。

鋼筋水泥的河堤看起來好像很堅固，但是卻造成很多問題，像是過多的水泥使用，導致地球資源的浪費，也造成溫室效

烏溪河堤以取自河床的卵石堆砌，是非常具有環保觀念的工法。

應。另外像是無法提供動植物棲息或生長的條件與空間，而且水泥河堤景觀單調又欠缺美感。因此這些年來，開始有人提倡所謂的生態工法，就是為了減少與降低工

烏溪是臺灣第六大河川，也是中彰投地區重要的灌溉水源。

昭和十四年（民國二十八年）完工後，留下的「烏溪治水功事竣工記念碑」。

程對於生態環境的破壞。

　　事實上，以生態工法的概念來修築河堤，臺灣早在很久以前就已經存在。在臺中市、南投縣與彰化縣交界附近，有一段烏溪河堤，這段卵石河堤有超過七十年的歷史，全部用採取自烏溪河床的卵石為材料。

　　烏溪是臺灣第六大河川，發源自南投縣，一路往西蜿蜒。烏溪原是鳥類棲息的天堂，傳說漢人剛抵達烏溪沿岸開發時，常見烏鴉成群飛翔，數量之多足以遮蔽天上的太陽，溪水看起來烏黑一片，因而被稱作「烏溪」（台語的黑與烏同音）。烏溪從清朝以來，就為兩岸農田提供了豐富的灌溉水源，但是氾濫的問題，卻也始終困擾著沿河的居民。

　　日治時期昭和六年（民國二十年），總督府開始展開這段河堤的修築工程，一直到昭和十四年（民國二十八年）完工，總工程費用是六百零六萬圓，在當年是非常浩大的工程。河堤完工後留有一紀念碑，這座紀念碑緊鄰臺三線烏溪橋北岸西側公路旁，全名是「烏溪治水功事竣工記念碑」，碑體為長方體，但是下粗上尖。

當年在施工的過程中，也讓沿岸的居民來參與工事，當地一位九十幾歲的老太太提到，那時候她的工作是下到烏溪河床去挑卵石做為築河堤的材料，工資是根據所挑的卵石重量來計算。

傍晚的涼風中，沿著河堤行走，腳下是亂中有序的卵石，看著生長在河堤上的綠色植物，真是難得的享受。

臺灣小書房

烏溪又稱大肚溪

臺灣今日的主要河流，幾乎都是沿襲過去清朝官道（大致上是今日的臺一線）上的最大渡口來命名，清朝之際，渡過烏溪的最主要渡口是在大肚社，因此大肚溪應該是最早的稱呼。然而，一般來說烏溪在臺中市霧峰、烏日一帶，人們習慣稱之烏溪，而過了大肚後就被稱做大肚溪。只是不論烏溪或大肚溪，很少見到臺灣其他的主要河流，有兩個被同時使用的名稱。

烏溪發源自南投縣，流經臺灣的中心，是臺灣第六大河川，但過了大肚後就被稱做大肚溪。

探索臺灣一起去

卵石堆砌的秘密

　　上圖是烏溪卵石河堤，來到這裡，乍看之下這些大卵石似乎叫人眼花撩亂，而且當時在施工時，完全不用任何水泥，但是卻能屹立數十年而不壞。請仔細觀察這些卵石在大小和排列上有什麼特色，你就能發現卵石堆砌的秘密。

農業轉型的功臣

南投

北港溪橋是國內最有名的糯米橋，距離北圳不遠。

水圳 的興築，在臺灣開發的過程中，佔有一頁非常重要的歷史。所謂的水圳通常是指人們自水源處（通常是較大的河流）引水灌溉農田，而水流所走的溝渠或水道就叫做水圳，其中最有名的應該就是嘉南大圳。

大型水車是北圳的標示

這些水圳，更使得臺灣許多原本乾旱而難以耕作的農地，獲得了源源不絕的水源；農人與農業收成也逐漸脫離原本的「看天吃飯」與「看天田」。

南投縣國姓鄉的北港村有一條北圳，這條水圳歷時三年的施工，於日治昭和十三年（民國二十七年）完工，引入北港溪水，開啟北港村正式進入精緻農業的開

端。北港村這個小村子的開發約可追溯到清初，明鄭軍師率兵招撫，漢人至此開闢田園耕種。這個小山村雖鄰近北港溪，但因取水不易，所以農業發展始終受限。

在民國二十年前後，客家人進入本區定居，大多從事採腦與熬腦工作，由於當時從事採腦相關工作獲益良好，因此陸續吸引許多人到此墾荒定居，卻也因為僧多粥少，熬腦工作日漸不敷需求。因此，人們開始將重心轉到農業，然而因缺乏灌溉水源，初期以種植蕃薯、黃豆、甘蔗為主，因為這些農作不需要灌溉很多的水。一直到日治後期因水圳設施漸趨改善，而使得農業發達，一度成為國姓鄉之最大米倉。

北圳引入北港溪水，讓北港村農業不用完全依賴老天，目前沿線已開發成步道。

橫跨五棚坑溪的弧形水橋，從遠處眺望恰似一道彩虹。

從北港國小附近的一條小路，即可到達北圳。由於北圳圳路通過的地形起伏很大，沿路可說是遇山鑿洞，遇水架橋。而北圳在跨越五棚溪時，便架設了一座弧形水橋。水橋建於民國四十年代，下方採取圓弧的拱圈造型，除了增強橋梁的結構，更讓原本死氣沉沉的灰色水泥建築，增添了柔美的線條。

北圳沿線已經被開發成步道，這是一處能夠欣賞北港村田園風光，又可親身領略臺灣水圳開發歷史與各種工法的縮影，像是水車、水圳山洞、水閘門……等。

臺灣小書房

從私人到公共

　　臺灣的水圳是從清朝開始大規模的開發，但是大多數屬於私人出資。所以大體而言，水圳的開發與管理在清朝年間可說具備高度私有化的取向。到了日治時期，總督府登記大小埤圳，對於與公眾利益有相關者，就指定為公共埤圳，並且頒佈各項法令與規則。如果說清朝官方對於水圳的管理是「無為而放任」，那麼日治時期總督府稱得上是「全面監督與控制」。

臺灣大小埤圳非常多，歷經清朝、日治時期到現在，始終是農業重要的命脈，上圖是彰化縣溪洲的林仔埤。

探索臺灣一起去

水圳的縮影

　　上圖是臺灣各地水圳很容易看到的水閘門，是水圳中作為水流方向與水量控制的重要設施。來到北圳，不妨沿著圳路旁的步道走一回，你可以看到各種水圳工法的縮影，拍個照片，並製作相關的紀錄。

不是人走的橋

美濃下庄的水橋，橋墩呈現倒「∪」字型

美濃 地區的農業一向非常興盛，有一個很重要的原因是區內有豐富的灌溉水源。除了有眾多的天然河流，人工開鑿的灌溉水圳更是發達，而獅子頭圳可說是美濃最重要的一條水圳。

獅子頭圳來到下庄，遇到了美濃溪，為了使水路能跨越河流，於是修築了一座南北向的水橋。最早的水橋是木製的「水筧」，但是因為木頭不耐圳水長期沖流，於是在日治大正十五年（民國十五年，西元一九二六年）開始興建鋼筋水泥的水橋，水橋的設計者是叫做岡田安久次郎的日本人，當時在獅子頭水利組合（就像現在的農田水利會）服務。由於水橋的規畫、設計、建造，比一般的橋梁更為複雜，特別是要做到「滴水不漏」的標準，因此前後施工兩年多的時間，到了昭和三年（民國十七年，西元一九二八年）才竣工。

水橋的正式名稱是「渡槽」，以前都是以木頭為材料，藉由連續的木箱銜接，

水橋旁的彩繪，表現了水圳與美濃人生活的關聯性。

美濃下庄水橋從木造改建成鋼筋水泥的紀念碑。

內部再塗上防水的漆土，架設成類似倒「ㄇ」字型的水槽引水過河，因此也有人稱之為「水筧」或「木梘」。

　　這座水橋長約一百三十公尺，橋墩呈現倒「U」字型，橋身的欄杆之間用鐵柱相互連接。從外觀來看，並無特殊之處，但是卻能屹立八十幾年，其間歷經無數的洪水與地震考驗，

獅子頭圳通過水橋的入口，藉由這座水橋通過美濃溪。

特別是發生於民國九十九年的甲仙大地震，震央距水橋不遠，但依舊撼動不了這座「阿公級」的橋梁。

　　臺灣目前還留有幾座老水橋，但都是特別為水設計，僅供圳路行走，唯獨美濃下庄的水橋是「人」、「水」共用，下層是圳路，上層供人們通行。由於下庄水橋完工時，臺灣仍舊是屬於農業社會，因此橋面大約是一輛牛車的寬度，現在除了行

人之外，還有不少機車與腳踏車通行。

　　走在這條水橋上，可以飽覽美濃溪及附近的田園風光，至於腳下是淙淙的流水，也好像在提醒我們前人的智慧與辛勞。

臺灣小書房

是水橋也是滑水道

　　美濃的水圳除了作為灌溉用途，更是與人們的生活息息相關，但是對小朋友來說，水圳更是夏日玩水的最佳去處，至於下庄的水橋，長久以來更是許多美濃人兒時的滑水道，也是不少美濃人的共同回憶，據說其刺激的程度，一點都不輸給現代水上樂園的高空滑水道。

美濃水橋旁的解說牌，記述了美濃兒童涼快的消夏童年。

探索臺灣一起去

因水橋而來的地名

　　上圖是臺中市后里區的泰安水橋，農業時代因為水圳與人們生活息息相關，所以有些地名的由來都與水圳有關，其中最有名的就屬臺北市的景美了。景美原來是「梘尾」，就是從「水梘」轉變而來。你知道有哪些地名和水圳有關嗎？

第二站
地方特產

海邊生產的
古代水泥

臺南

全臺獨一無二的「蚵灰窯」文化館。

你到過臺南安平嗎？這裡有一種很有名的小吃——蚵仔煎，這是一道頗具地方特色的點心。特別的是，孕育蚵仔的蚵殼，還是以前「起大厝」不可或缺的材料。就讓我們一起去參觀這座全臺獨一無二的「蚵灰窯」文化館。

你是否想過一個問題，在以前沒有水泥的年代，那時候建築物的磚塊或石頭的如何組砌與黏合？你或許聽過「糯米橋」——在臺灣的北部山區的河谷，就地採取安山岩和砂岩作為建橋的材料，再以煮熟的糯米及石灰加上黑糖，成為所謂的「三合土」黏劑，而這種橋就被普遍稱為糯米橋。但是在臺南靠海的地區，

在安平一代的老巷弄中，還可以看到塗抹白色蚵灰的牆壁。

外部是方形，內部是圓形的蚵灰窯用紅磚砌成，前後各開一個門作為工作走道。

由腳踏車改造的送風機，從蚵灰窯底部的送風，加速燃燒蚵灰。

則是以天然的「燒蚵灰」取代石灰，特別是在安平一帶「燒蚵灰」曾經是非常重要的傳統產業。

　　如果有機會在安平的狹窄巷弄裡面穿梭，會發現不少超過百年的民宅，這些老宅有著灰白色的斑白牆壁，或夾雜著磨碎的蚵殼。臨海的安平運用蚵殼作為建材，就是不需口號而直接身體力行的「節能減碳」。

　　事實上，早期安平地區以出產大量牡蠣聞名，堅硬的蚵仔殼的成分是氧化鈣，具有膠結與凝固的功能，自然成了砌造房屋的最佳天然材料，更顯現前人就地取材的環保睿智。

　　蚵殼經過高溫加熱後，才會變成具有黏合作用的蚵灰，為了完成這道程序，以前的人必須先建造「蚵灰窯」。文化館中的蚵灰窯，是安平地區僅存的一座。這座蚵灰窯用紅磚砌成，外部是方形，內部是圓形的窯爐，直徑約四公尺，高度比成人還要高一些。

燒蚵灰的時候，「蚵灰窯」底部先鋪上最容易燃燒的茅草與細杉木皮，接著就以一層煤炭、一層蚵殼的順序往上堆疊到頂部，最後蓋上一層碎石，就可以燒出顏色雪白的蚵灰。

或許下回再來安平，在吃完一盤蚵仔煎後，再過來參觀這座「蚵灰窯」文化館，應該會更有味道。

臺灣小書房

石灰與蚵灰之異同

蚵灰與石灰的主要成分都是氧化鈣，其作用都是用來做為黏合劑，從外觀看起來都是白色的粉末，但是蚵灰有著天然蚵殼的大小顆粒。至於石灰是取自石灰石，

天然的蚵灰為白色，但是有著蚵殼或粗或細的顆粒。

蚵灰的來源則是牡蠣，另外在靠海地區「就地取材」所生產的蚵灰，相對來說價格也比較便宜。

探索臺灣一起去

蚵灰用途另一章

上圖是「蚵灰窯」文化館中的展示品，一艘木船被塗上一條條的蚵灰，這可能也是安平這裡獨有的製船工法。請找找看這艘木船在館內的什麼地方，為什麼要這樣做？

米粉炒吃到飽

彰化

俗話說「米粉炒吃到飽」，其實米粉的吃法有很多種，只不過炒米粉比較常見。

你聽過「米粉炒吃到飽」這句俗諺嗎？一般來說傳統的米粉料理有炒米粉、米粉湯，另外隨著各地的特產或是季節性的食物，還有、米粉芋（米粉加芋頭）、南瓜米粉，旗魚米粉、烏魚米粉，也有人做成甜的米粉冰……

老一輩的人們常說，早年大家的生活清苦，除了逢年過節，平常就只有感冒或生病的人，才有資格吃米粉或喝一碗熱騰騰的米粉湯。相信有不少人喜歡吃米粉，但是卻不見得了解。就讓我們到彰化縣芬園鄉的楓坑社區，來探究米粉這項臺灣人非常喜歡的傳統米食。

根據一些史書上的記載，米粉的起源是因為一千七百多年前晉朝的「五胡之亂」，

進入楓仔坑路口的米粉工廠招牌。

當時有許多北方人逃到南方來，由於習慣吃麵條，於是將米打成漿，做成麵條狀來食用，也就是說米粉的做法可能來自於麵條，只是傳到南方後，在使用的材料上自然是南方人習慣食用的米。

準備進行包裝的一袋袋米粉。

　　彰化縣芬園鄉的楓坑社區是一個製作米粉的專區，相傳是兩百多年前，福建泉州的米粉師父，移居臺灣後便落腳楓坑。漢人初到此地開墾時，因為坑谷內長滿了楓樹，因而得名。楓坑村的地理位置在八卦山臺地的東側，由於整年有風，加上日照充足，此外當地水質甜美而優良，因此自然成為生產米粉的最佳地點，目前社區內有十數家大大小小生產米粉的工廠，在社區內漫步還可以看到成排的雪白米粉，在清風與陽光下的壯觀場面。

米粉工廠內熱氣氤氳，師傅們在高溫的環境下辛苦工作。

　　一般來說，傳統手工米粉的製作需要三天，第一天將米浸泡於水中，第二天把米磨成米漿，第三天才是製作米粉，接著把米漿用水煮熟製成米粉半成品。米粉成形後，最為耗費人力的就是將米粉「曬乾」，這時候最擔心的就是突如其來的大雨，如果搶收不及，那米粉就「泡湯」了。

過去「曬乾」米粉的做法，因為得依賴老天提供良好天氣，加上曬米粉所需的場地很大，因此現今大多改成以電力烘乾的方式；米粉工廠的高溫與工作辛苦，年輕人都不太願意學習米粉的製作，讓傳統的米粉產業正面臨重大的變革與挑戰。

臺灣小書房

「炊粉」與「水粉」

　　米粉可以分為「炊粉」與「水粉」兩種，第一種是將米粉用蒸氣炊熟，就稱之為「炊粉」，新竹米粉就是其代表；水粉則是以滾水熟成，楓坑米粉就是所謂的「水

師父們將在熱水中煮熟的「水粉」鋪在竹筐上，接下來就可以風乾。

粉」。用心製作的水粉在煮熟後，再以冷水沖洗，使得米粉絲經過熱漲冷縮的製程，據說兼具彈性與滑溜順口。

探索臺灣一起去

風乾還是曬乾

　　上圖是在米粉的故鄉——楓仔坑，還可見到傳統的「曬」米粉。臺灣話說「曬」米粉，其目的就是要讓米粉脫水，但是如果真的是「曬」米粉，竹架應該要平放，才能增加陽光的曝曬，但卻是圖中傾斜的置放，這是為什麼呢？

木業造就的
漆器故鄉

臺中

臺中市豐原區的「漆藝博物館」位在公老坪山腳下的中正公園旁。

你的英文程度好嗎？瓷器的英文是「china」，那麼「漆器」的英文是什麼？答案是「japan（也可以用lacquer）」。知道答案後，你可能也感到驚訝。這項發源自華人的古老傳統工藝，在流傳到日本後，卻深受日本人的喜愛，甚至被稱為「漆國」。

　　所謂的漆器，是指不管以哪種材質的物品作為胚體，經過層層上漆後，都可稱作漆器。因此漆器製作所需的原料最主要有兩個部份，一是胚體，另一項就是「天然生漆」。

　　在日治時期，臺中市的豐原地區鄰近八仙山林場與大雪山林場，當時八仙山是臺灣三大林場之一，有運送木材的林業鐵道，豐原設有營林所，更是八仙山林場木材集散

豐原區一家木業公司，曾經是芳賀株式會社（位於日本福島縣會津若松市）的漆器木胎特約工廠，這個木匾展示在漆藝博物館的二樓。

農曆過年時用來承裝糖果的「菓盒」，是日常生活中，人們最常用的漆器之一，只是現在有不少都已被壓克力的材質取代。

純粹的藝術創作是傳統漆器的新走向，其豐富的顏色與自然光澤，很具有特殊性。

地，營林所附近有面積廣大的貯木池（原址已經改建為臺中市政府陽明辦公大樓）。正因為木材取得方便，因此逐漸發展木材加工、漆器胚體製作等產業，因而曾有過一段輝煌的漆器歲月。

臺灣早期的漆器發展是由福建直接經由船運，或是來自唐山的師父製作，那時候漆器是人們日常

塗上天然生漆的漆器，不但耐用，更是美麗，所以成為以前人們重要的各種生活用品。

生活與宗教信仰中重要的器具。淪為日本殖民地後，臺灣也成為日本漆器工藝非常重要的基地。日本引進漆樹，以及設立工藝傳習所，在中部地區更是進行計劃性的漆藝工業發展，所以也培養不少優秀的漆藝人力。

到了民國五、六十年間，日本因為國內的工資逐漸上漲，以及林木保護的政策，漆器價格不斷上漲，但需求卻不減，因此開始向東南亞的國家尋求合作。豐原一帶因為木材資源豐富，當時人力也比較廉價，加上日治時期打下的漆藝基礎仍舊

穩固，自然成了日本人最佳的供需夥伴。

　　此外，美國與日本等國家還直接到豐原設立漆藝工廠。根據統計，當時豐原地區漆藝工廠或店家多達四十幾家，豐原也在當時再創下漆器產製的另一個高峰。

　　如果想要了解與欣賞漆器這項工藝，來到豐原公老坪山腳下的「漆藝博物館」，相信會有一番收穫。

臺灣小書房

天然生漆

　　生漆是一種天然樹脂漆，漆樹主要生長在亞熱帶，臺灣的漆樹為日治時期日本自越南引進，天然生漆採自漆樹汁，經簡單加工或調合乾性油而成，

漆刀在漆樹皮畫一∨字型，並在∨字頂端插入貝殼收集生漆

具有防腐、耐酸、耐鹼、絕緣等優良塗料的特性。乾燥形成薄膜後，不但無毒性而且非常耐用。

採漆的過程與辛勞

　　在漆藝博物館的入口處有一尊採漆工人的塑像，請你從他的裝扮與所攜帶的工具，想想看為什麼需要這些工具，並描述採漆可能的過程與辛勞。

臺中鄉土小吃
大麵羹

臺中

粗大的黃麵條與綠色的韭菜，搭配成臺中人愛吃的大麵羹

住在 臺中一帶的人們，常常會吃一種稱作「大麵
羹」的麵食，特別是把它當成早餐或是下午
的點心食用。許多初到臺中的外地人，一開始在街頭
看到這樣的招牌，都不知道這是什麼東西，因為這是
臺中地區所獨有的一種麵食。

　　大麵羹真正的起源恐怕已經很難查證，但是有不
少賣大麵羹的店家已經有五、六十年歷史，因此應該
是在更早之前，就有這種食物。

　　大麵羹名稱的由來，最主要是因為所使用的麵條，
是比一般麵條還粗的黃色麵條，在最早的時候會在麵
條裡面加上用稻草灰作成的「鹼」，由於「鹼」的臺

臺中一家大麵羹店的招牌，
可以知道大麵羹在臺中地區
有長久的歷史。

語就是「粳」，所以也稱作「大麵粳」。至於「粳」還有另一種說法，因為這種麵的煮法是麵和湯一起煮，煮久了湯會像勾芡一樣，而變得有點濃稠，如同羹湯一般，所以被稱作「大麵羹」。

經過長時間的演變，大麵羹的「羹」字，更是出現許多種不同的寫法，也成為另一種趣味。

除了麵條之外，還有用蝦米、菜脯、肉末、紅蔥酥所拌炒成的配料，加上以開水氽燙的韭菜。要食用的時候，先盛好一碗已經煮熟的湯麵，再加上配料與韭菜，就是一碗香噴噴的大麵羹。此外，吃大麵羹時，很多人也會配一、兩塊油豆腐。

在過去那個窮苦的年代，一碗大麵羹，應該是人們眼中無比的美味。現在雖然生活富足了，嚐一碗不過二、三十元的大麵羹，卻滿足了外出臺中遊子對家鄉的濃濃思念。

不過隨著生活型態的改變，大麵羹的傳統作法已經有些改變，例如天然的「鹼」已被人工色素所取代；為了保溫以增加麵條羹味香氣的木頭大鍋蓋，也很少看到人們使

大麵烅 （50年老店）	
大麵烅 一碗	25 元
油豆腐 3個	10 元
滷　蛋 一個	10 元
貢　丸 一份	15 元
炸豆腐 一份	15 元
蝦　卷 一份	40 元
燙　肉 一份	35 元

吃大麵羹常常會配一些小菜，其中又以油豆腐最受歡迎。

用。還有最有趣的是，大麵羹的「羹」字，更是出現許多種不同的版本。

有人說，擔仔麵是臺南地方特有的麵食，那麼臺中就是大麵羹。不管你是不是

臺中人，下次在臺中街頭看到大麵羹的招牌，別忘了停下腳步來，嚐嚐它的滋味。

臺灣小書房

臺中小吃另一章

臺中地區還有另一項非常獨特的鄉土食物——麻芛，這道食物是以黃麻的嫩芽與嫩葉為主要材料，經過搓洗去掉大多數的苦水後，加入地瓜與小魚乾烹煮。吃起來帶著獨特的清香，還有淡淡的苦味，口感則是有點黏滑感。

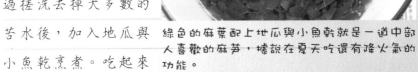

綠色的麻葉配上地瓜與小魚乾就是一道中部人喜歡的麻芛，據說在夏天吃還有降火氣的功能。

在地食物帶你去

　　上圖是桃園龍潭的三坑仔一種叫做「牛汶水」的客家麻糬，就像本文所介紹的大麵羹，臺灣有許多屬於地方性的食物與小吃，最重要的是他們有著地方特性的起源，所以當我們在品嚐這些食物時，似乎也能咀嚼到其所蘊含的歷史與文化滋味。找找看在你的家鄉是不是也有這樣的食物或小吃，並且記錄其由來與演變。

酸鹹飄香的老社區

臺中

過去用來醃漬鹹菜的超級大木桶，如今成為大里鹹菜歲月的光榮紀念。

提到帶點酸也帶點鹹的鹹菜，真是叫人難忘。這種在臺灣人的料理中佔有重要地位的材料，有獨特的生產方式。而在臺中市大里區一個狹窄的老巷弄，可是四、五十年前，臺灣生產鹹菜的大本營。

鹹菜巷入口掛滿了一個個小木桶，成為裝置藝術。

大里舊稱「大里杙」，是一個不折不扣的古城鎮。所謂的「一府、二鹿、三艋舺、四竹塹、五諸羅、六大里杙」，在清朝時就因為大里溪河運而逐漸發達。只是這個曾經繁榮一時的古鎮，卻因為成為林爽文對抗清朝政府的發源地，而毀於一旦，後來更因為大里溪的淤積，河港孕育而成的老街也逐漸沒落。

鹹菜巷的行政名稱是將軍二巷。

鹹菜巷中僅存兩家在經營鹹菜買賣的店家之一。

　　在大里舊街區的信仰中心福興宮旁，有一條名字叫做「鹹菜巷」的特別巷子，讓大里老街曾經又一度回春。現在的臺中市大里區有超過二十萬以上的人口，而且工商業也非常繁榮，但是民國三十幾年時，整個大里還是一個以農業為主的鄉村，在稻米休耕期間的十一、十二月期間，為了增加收入，很多農民都會種植芥菜。為了將這些芥菜保存下來，當地農民便採取最為節省成本的醃漬方法，把新鮮的芥菜做成鹹菜。

　　那時候大里許多戶人家都有一個用來醃漬鹹菜的超級大木桶，木桶的口徑將近三公尺，高度超過兩公尺。芥菜先經過晾曬後，大約依照三十公斤芥菜配上兩公斤鹽的比例，然後以一層芥菜一層鹽的順序，平均鋪放在木桶內，再用大石頭壓在最上面，讓芥菜慢慢發酵成鹹菜。

　　曾經有長達二、三十年的時間，大里鹹菜聞名全臺，也是最主要的鹹菜生產地，而鹹菜巷更是鹹菜生產與買賣的集中區域，甚至可以說掌控全臺鹹菜的產銷。

　　只可惜，民國五十五年左右，大里地區所種植的芥菜因為病蟲害，導致品質變

差。更因為鄰近臺中都會區，人口愈來愈多，可以耕種的農地愈來愈少，鹹菜生產的盛況逐漸蕭條。

如今鹹菜巷盛況不再，只剩下兩戶人家兼營，還好「鹹菜巷」的名稱還被保留下來，紀念那個鹹鹹酸酸的歲月。

臺灣小書房

新鹹菜故鄉

雲林縣大埤鄉近年以來，提供全臺近八成的鹹菜貨源，已經成為另一個「鹹菜的故鄉」。而醃漬鹹菜的原料芥菜，在大埤鄉種植面積達到一千五百公頃，農民通常都利用二期稻作收割後的「空檔」，在冬季裡種芥菜。（資料來源：雲林縣大埤鄉公所網站）

雲林縣大埤鄉一帶正在進行醃漬鹹菜的人們。（雲林縣大埤鄉公所提供）

臺菜料理的要角

　　鹹菜又名酸菜，可說是又酸又鹹，一般來說我們比較少把鹹菜當成一道菜來吃，但是臺灣人的料理中，鹹菜卻占有重要的地位。像是紅燒牛肉麵中，若加入一些鹹菜，會更具香味與美味。想一想，查一查哪些臺菜中會加入鹹菜。

第三站
公共建築

走向現代化的市場

四個主要的出入口，以紅色的磚塊與灰色洗石子的外觀搭配，非常優美。

上菜市場是許多人生活中一件常常要做的事，但是你有沒有想過菜市場的模樣經過怎樣的演變，才成為今天的樣貌呢？接著就讓我們一起去看看一座有將近八十年歷史的彰化縣北斗紅磚市場。

山牆有著流暢的線條，兩側的柱頭以幾何圖案做裝飾。

最早的市集都是從人們非正式聚集在一起的露天攤販開始，北斗到了日治時期則開始有一臨時的所謂集中管理市場，只是後來攤販愈來愈多，原來的舊市場（位於北斗元市街）已經空間不足。到了日治昭和八年（民國二十二年，西元一九三三年）開始籌資三萬餘元，選擇北斗東門附近興建一座現代化的市場。

從側面可以看到突出的市場主要入口，和大片的窗戶。

市場的中庭增加建築的採光，也有四個出入口與市場相通，讓人們進出更方便。

整座建築用紅磚做為主要的建材，採取「回」字形的整體建築設計，四個主要的出入口是在「回」字形建築的四個頂點，這也讓原本比較呆板的建築物，增加了一些變化。

整個外觀看起來，四個在頂點的入口山牆，是整座市場最吸引人注意的地方。四根凸出的柱子，把被簡化的山牆切割成三個區塊，中間是正門，兩側是窗戶，都有突出的雨庇，正門上方處還有氣窗。在配色上，基座和上緣都是灰色的洗石子，配上紅色的紅磚主體，在典雅中又不失活潑。

北斗東門市場徹底顛覆了人們對於市場就是攤販集中地的概念，在當時可說是非常進步的菜市場建築，中間天有天井，窗戶開得很大，有利於採光與通風，攤位規劃整齊，可說是大大改變了過去菜市場給人的骯髒、混亂的不良印象。

民國九十二年三月二十日，北斗市場發生了大火，原本木架構的屋頂，在大火中被燒毀，北斗鎮公所於是向內政部申請經費進行整修，並於九十二年六月整修完畢。為了凸顯這座市場的建築特色，並且定名為「北斗紅磚市場」，在九十七年四

月登錄為彰化縣歷史建築。

　　雖然現在的「北斗紅磚市場」經過整修，但盡量保持其典雅的原貌，市場周遭也有一些老屋、傳統雜貨店和販售當地特有農產品的小店舖，所以到這裡來走一走，還能體會早年菜市場的人情味。

臺灣小書房

臺灣紅磚建築

　　紅磚建築在日治前半期曾經流行一時，不少官方建築都用紅磚為建材，因為典雅的外型與赭紅的色澤，常常博得「紅樓」的雅稱。後來因為日本本國的關東大地震以

位在臺南孔廟附近的臺南山林事務所，是一幢兩層樓的紅磚建築，完工於日治大正十四年（民國十四年，西元一九二五年）。

及日治昭和十年（民國二十四年，西元一九三五年）臺灣中部的墩仔腳大地震之故，不耐震的磚造建築就不被重視。

　　上圖是東門市場四個角落的入口之一，由此進入可向左轉或向右轉進入市場購物。其實入口多是這個菜市場的特色，來到這裡不妨數數看共有幾個出入口？你知道為什麼做這樣設計嗎？

防空洞大觀園

高雄

橋頭糖廠最容易看到的紅磚防空洞，
圖中是圓拱造型。

你知道什麼叫防空洞嗎？你有躲過防空洞嗎？防空洞讓人們可以在遇到戰機空襲時，很快就可以躲到裡面，避免被炸彈炸傷。

日治時期創建，距離現在超過百年的高雄市橋頭糖廠（舊名橋仔頭糖廠），近來場區轉型為觀光與教育用途，遊客可以搭乘高雄捷運直達糖廠。走在橋仔頭糖廠的園區，很容易就會看到防空洞。

橋仔頭糖廠的防空洞解說牌

如果我們把時間撥回七十幾年前，那時候是二次世界大戰期間，臺灣當時是日本的殖民地，因此和日本敵對的盟軍（主要是美國、英國）飛機，常常到臺灣來轟炸。

地底下的咾咕石防空洞

橋仔頭糖廠的防空洞因年代久遠，有的還被老榕纏身。

長方形的紅磚防空洞，主體下方兩個小孔是通氣孔。

　　糖廠在當時更是盟軍飛機轟炸的主要目標，那是因為糖廠所生產的糖是重要民生必需品，更因為糖廠還可以生產提供日本戰鬥機所需要的燃料——酒精。另外，糖廠附近有密佈的糖業鐵道，若破壞這些鐵道，也可癱瘓物資的運送。因此，當時日本人為了保護人員免於空襲的威脅，才會在糖廠內設置防空洞。日治昭和二十年（民國三十四年，西元一九四五年）三月二十五日，美軍出動十八架戰機轟炸橋仔頭糖廠，而這也是美軍開始有計畫性的轟炸臺灣糖廠的第一步。

　　和其他的糖廠比較起來，橋頭糖廠園區內的防空洞不只數量多，還有不少特別之處。首先是防空洞大小齊全，有的可能只能躲幾個人，卻也有些可以躲數十人，大防空洞還有通氣孔的設置。

　　此外有各種不同的造型，有的是拱形、有的是方形，還有像地下式的山洞。另外如果從使用的建築材料來看，多數的防空洞都是以紅磚砌成，也有一些是入口處砌了一道水泥高牆，最有特色的一個是用咾咕石（珊瑚礁）作為材料，那是因為其本身所富含的石灰，可以讓防空洞更堅固。一座座防空洞就在路邊或員工宿舍附

近，當空襲發生時，人們可以就近躲避。

看完這些防空洞以後，讓人體會到戰爭的可怕，而和平、自由是那麼重要而珍貴。

臺灣小書房

輝煌一時的橋仔頭糖廠

橋仔頭糖廠原隸屬於臺灣製糖株式會社，第一工廠成立於日治明治三十五年（西元一九○二年）。是臺灣第一座現代化機械式製糖工廠，此外

位於橋仔頭糖廠內，洋溢著殖民地風格的臺灣製糖株式會社事務所，建於日治明治三十四年（西元一九○一年）。

追溯臺灣糖業鐵道，也是起源於橋仔頭製糖工廠，最早的時候是鋪設一種可以拆裝的軌道，以水牛拉引貨車。

防空洞的妙用

上圖是臺南運河博物館後方一小防空洞的內部，地板鋪上木條還裝了燈光，彷若有特定的用途。你覺得臺灣目前遺留下來的不少防空洞，可以做為什麼新用途？

僑匯學校
的美麗見證

金門

水頭村不只擁有許多番仔樓的民居，還有一座也是洋樓風格的金水國小。

金門西南方的水頭村，有一座「金水」國小，「金水」用臺語發音的諧音是「真水」，而這座小學的確是非常漂亮，而且洋溢濃厚的異國風情。

金門已經成為國家公園，到訪的遊客對於其閩南建築聚落，濃厚的戰地氣氛，以及遍植的林木而印象深刻。大約九十年前，許多金門人到南洋（現在東南亞一帶）

已經有八十一年歷史的金水國小，在建材的選用上也具備了「就地取材」的特色。

打拼，在事業有成後，回到家鄉興建美麗的洋樓，又造就金門另一項特色，水頭村更可說是洋樓的大觀園。

金門島西南方的水頭村，可說是金門洋樓的大觀園，除此之外，還有一座也

金水國小中央入口處突出的山牆泥塑，具有西洋建築的趣味。

入口處階梯兩側作成捲軸的「垂帶」，是金水國小最具華人傳統的表現。

是洋樓風格的金水國小，尤其是把她和熟悉的臺灣小學相比，更是大相逕庭。

水頭村一向重視教育，隨著村內人口愈來愈多，村內的黃氏宗族，開始向印尼僑商募款興建學校，金水國小校舍則是完工於民國二十一年。由於受到當時建築風潮的影響，金水國小和村內許多洋樓一樣，有著和閩南傳統建築完全不同的建築形式與裝飾。

金水國小的建物排列，就像是一個「回」字，中間是小禮堂，四週是教室和其他空間。學校正面的外觀，是最能讓人感受到異國風情的泥塑。中央入口處屋頂最上緣有牡丹、梅花和小鳥，突出的山牆則是兩位拱護勳章的天使，兩側的屋頂突出處則是老鷹。另外，寬大的走廊與石雕的「瓶形欄杆柱」，也是許多洋樓常見的作法。

只是仔細端詳，可以發現仍然保留了不少中國傳統建築的特徵。首先是「回」字形的建物排列，與臺灣不少被保留下來的書院，有著一樣的空間安排。入口處階梯兩側作成捲軸的「垂帶」，有讓人走入書中的感覺，用在學校建築，可說是意義深遠。

想想看如果能在這麼富有異國風情與古色古香的教室中讀書，應該是很有詩情畫意。金水國小已經廢校多年，現在變身為「出洋客故事展示館」，如果有機會到此地一遊，別忘了比較她和你的學校有什麼不同。

臺灣小書房

「五腳基」洋樓

金門洋樓最常見的特徵之一，便是「五腳基」（five-foot way）的外廊與西式山頭裝飾。所謂的「五腳基」是源自於閩南的南洋僑民對於「five-foot way」的英文直譯。

金水國小有著婉約氣質，在她的五腳基廊下，可以回味舊日的美麗時光……

這原是十九世紀八〇年代英屬殖民地，在日照時間長，雨量多的南洋一帶，其城市街屋房舍需留設五呎的通道，後來卻成為殖民地建築的特色。

外出打拼的金門子弟，儘管散居各地，在事業有成後，紛紛回到家鄉興建美麗的洋樓，所以今天我們才會在金門不少地方，看到一幢幢美輪美奐的「牌仔樓厝」。

探索臺灣一起去

少見的磚砌圓柱

　　上圖是金水國小從入口到禮堂的銜接走廊，又稱做過水廊，最特別的是圖中看到的柱子都是磚砌圓柱，柱頭上方還有一塊正方形突出的磚板，想想看他們有什麼特殊的作用？（提示：學校在空間設計上有什麼要注意的事情？）

僅存的華僑會館

臺東

會館二樓有四個長方窗，中央的山牆則是會館的標誌

後山 臺東不僅保留臺灣的好山好水，還保留一幢典雅的華僑會館，更記錄了華僑對臺灣貢獻的經過。

其實長期以來，華僑對於自己家鄉的貢獻不少，甚至在以前還有完整的組織分散各地。只可惜後來因為時代的變遷，加上時間久遠，這些華僑組織或辦公建築幾乎都不見了，惟獨臺東還有一幢僅存的「中華會館」。

臺東地區的華僑於日治時期大正十五年（民國十五年，西元一九二七年），與花蓮的華僑成立了花蓮港中華會館。昭和二年（民國十六年，西元

臺東這座分社，是臺灣僅存的一幢「中華會館」。

一九二八年），臺東地區的華僑共同捐款，在臺東市中正路上建造了這一幢「中華會館」臺東分社的建築。這一年也是「臺東中華會館」正式獨立設置，脫離了原先所隸屬的花蓮港中華會館。

中華會館內展出的文史資料，讓人們更加了解這座會館。

當年臺東地區的華僑，在這幢建物內籌劃與辦理各項聯絡與維繫華僑感情與力量的事業，而且積極參予各種慈善救濟，協助臺東地區一些無力謀生的鄉親。

到了昭和十二年（民國二十六年，西元一九三七年）中日戰爭全面爆發，日本總督府也開始更加嚴格監控臺灣華僑的各項行動，隔年還利用親日的華僑成立「新民公會」取代中華會館。

二次世界大戰結束，日本戰敗後之後，中華會館奉命改為「臺灣省建設協進社臺東分社」，其後有一長段時間遭到荒廢，民國七十五年時曾經加以修繕，我們可以在會館大門右方看到一塊石碑記載了相關的史蹟。

一樓與二樓的窗戶上方有著不同的裝飾。

中華會館是一幢左右對稱的典雅二樓建物，二樓半圓形中央山牆下方，有著被稻穗圍繞的國徽裝飾圖案，在以直線為主的整幢建物中，顯得非常顯眼。二樓中間

是「中華會館」四個大字，左右兩側各有兩個上緣以拱心石裝飾的長方形窗戶。一樓中間是大門，上方有突出的雨庇，兩側是各有一扇比二樓面積更大的窗戶。

中華會館於民國九十一年被指定為歷史建築，九十八年又再度整建，目前做為臺東縣鄉土教學資源中心之一。

臺灣小書房

中華會館事件

二次世界大戰期間，作為華僑集會場所的中華會館，其實卻私下進行祕密的抗日活動。昭和十四年，鄭品聰因為領導一百多名會員進行抗日工作，後來事跡敗漏，遭

中華會館不僅是一幢典雅的建築，更曾經是華僑進行抗日活動的基地。

到日本警察逮捕入監，並且被嚴刑拷打，導致不少會員傷亡，後來被稱為「中華會館事件」。

探索臺灣一起去

「僑字輩」的小學

上圖是省道臺一線上一所「僑」字開頭的小學，華僑對於家鄉的貢獻，也表現在教育方面。在中部地區，沿著省道臺一線，會看到好幾所小學的名稱，是以「僑」字開頭。你知道為什麼嗎？

中南部自來水的先驅

曾經是虎尾三座最高的建築之一的虎尾貯水塔

以鋼筋水泥作為建材的虎尾貯水塔，雖然顏色灰暗，但是流暢的線條與合宜的比例，值得細細欣賞。

現在的人把水龍頭打開，就有方便的自來水。但是，以前的人要喝自來水，可不是那麼容易。接著就讓我們一起去探訪一座位在雲林縣虎尾鎮的「貯水塔」，進而瞭解臺灣自來水供應的歷史。

臺灣早期人們的生活中所需要的用水，主要是靠住家附近的河流、池塘，後來進步到鑿井取水，一直到日治時期從北部的淡水地區開始首次有自來水供應，至於中南部地區就比較慢一些，不過當時的水費卻不像現在這麼便宜，所以申請安裝的還是以日本人居多。

虎尾的貯水塔高度達 50.5 公尺，據說在日治時

期是虎尾三座最高的建築之一，雖然顏色灰暗，但是現在看起來還是非常顯眼。這座水塔的興建主要原因，是因為曾經在臺灣流行一時的霍亂，讓當時的日本政府開始決定要改善各地飲水的衛生。隨著虎尾街人口愈來愈多，加上當時虎尾糖廠需要大量的水源，於是這座貯水塔便在昭和五年（民國十九年，西元一九三〇年）完工啟用。

水塔後方淨水場內有一座美麗的建築物，是作為貯水塔供水系統的唧筒室。

這座貯水塔可以儲存四百公噸的水量，一開始以供應虎尾糖廠、公家機關與日本人為主，到了後來「虎尾街（日治時期的『街』等於現在的鎮）」市區的人家，大約一萬三千餘人幾乎都是使用自來水，所以貯水塔有一個「水道頭」的暱稱，意思就是用水設施的源頭。水塔的後方就是淨水場，場內有一座美麗的建築物，是作為貯水塔供水系統的唧筒室。

以鋼筋水泥作為建材的虎尾貯水塔，卻有著恰到好處的線條與比例，值得細細欣賞。水塔呈現八角形，底部也有八邊形的欄杆，而貯水塔八個頂點處則是八根對稱排列的支撐底柱，柱子的柱頭以及聯結兩根柱子橫樑的接頭處，特別做了修飾，看起來也有強化連接處的功能。

這座貯水塔目前正在整修，將來開放後，應該可以讓人們瞭解我們現在生活不

可缺少的自來水，在過去的發展過程，當然也提醒我們更加珍
惜古蹟與節約水源。

臺灣小書房

自來水前身 —— 鑿井取水

在自來水未普及
之前，人們為了解決用
水的問題，鑿井取水
應該是最進步而方便
的方式之一。早在荷
蘭人來到臺灣後，便
引進鑿井的工法，所
以臺灣到現在還有不

鑿井曾經是臺灣人長期取水的最重要方式之
一，上圖是鹿港著名的「半邊井」。

少地方都留有「紅毛井」。其實臺灣一直到民國五、六十年
左右，仍有不少人是依靠取用井水，只是後來自來水普及了，
加上工業化之後，地下水也有被污染的問題，鑿井取水的方
式就愈來愈難看見了。

探索臺灣一起去

水源地的由來

　　上圖是臺中市豐原區自來水廠，這裡有個大家習慣稱呼的地名——水源地。其實在你居住的地方可能也有「水源地」這樣的稱呼或是地名，你知道「水源地」代表什麼嗎？並且查查看附近有什麼設施或是建築？

變身銀行的
舊臺中圖書館

灰白與赭紅的配色，加上簡約的裝飾，讓這幢建物兼具柔美與剛強。

最近 這幾年，很多學校都在推動小朋友的閱讀運動，在各個鄉、鎮、區也都設有圖書館，而大部分的小學也有圖書室或是圖書館。你有沒有想像過，以前的圖書館是什麼樣子呢？在臺中市自由路、民權路的交叉路口，就有一座完工於八十年前的圖書館。

　　臺中圖書館在日治時期的時候稱作臺中州立圖書館，早在日治時期大正十二年（民國十二年，西元一九二三年）就已經成立，只是都沒有真正屬於自己的建築，所以也經過兩、三次的遷移。一直到這座圖書館在日治時期昭和四年（民國十八年，西元一九二九年）完工後，臺中州立圖書館才有了真正屬於自己的家。

　　當時館內有演講廳、書庫、一般閱覽室、兒童閱覽室、新聞閱覽室等，還特別設有婦人閱覽室，很可能是在當時，男女之間的關係還處於非常保守的狀態，所以需要給女性獨立、隱密的閱讀空間。圖書館內也會舉辦展覽，許多臺灣著名

的畫家像是李石樵、顏水龍等，都曾經在這裡開過畫展。

這座圖書館後來因為空間不足，於是在精武路靠近臺中公園的北側，另外蓋新的館舍。民國六十一年，臺中圖書館正式遷到新館，而舊的圖書館後來拍賣給合作金庫，成為臺中的一家分行。

位在臺中市民權路與自由路的交叉路口的合作金庫分行，前身是州立圖書館。

這座建物在建造的當時，流行用簡單的幾何線條來修飾建物的外觀，整體看起來簡潔而且穩重，而紅色的磚牆與灰白色的洗石子裝飾搭配，則是增添幾分典雅。一般來說，第一眼看到她，會被她中間四根，以及兩側各三根的白色柱子所構成的凸出大窗櫺所吸引，柱子上方的尖端，宛如女兒牆的欄杆，也有幾分堡壘的城樓感覺。至於柱子中間的菱形裝飾，其實是由一個三角形與倒影所組成。

看到這幢沉穩而典雅的圖書館，不知道你是不是和筆者一樣，會去想像在裡面閱讀書籍，應該更有安靜、沉穩的氣氛。

凸出的灰白色大窗櫺是州立圖書館建物的視覺焦點。

臺灣小書房

臺灣第一座圖書館

　　在日治時期以前，臺灣只有所謂的「藏書樓」，由於多數是官方所有或有錢人家私藏，並不具備「公共」與「分享」的性質。到了日治時期的明治三十四年（西元一九〇一年）一月，臺灣第一座圖書館——「臺灣文庫」正式營運並對外開放，但是進入館內卻必須繳費。

臺灣第一座圖書館——「臺灣文庫」的位置，也就是位在臺北市長沙街一段的登瀛書院舊址。

探索臺灣一起去

觀建築猜意義

　　上圖是舊臺中圖書館建物中間四根灰白色柱子所構成的大窗櫺，看起來有幾分堡壘的感覺。但是請你仔細看柱身與柱子上方的尖端，你猜到這是什麼東西了嗎？再想想看為什麼要用這種裝飾呢？

第四站
官方廳舍

日治時期的
州廳

臺南

雄踞臺南市南門路與中正路交會的這棟巨型建築，就是臺南州廳。

臺南 是臺灣最知名的古都，許多城市不復存在的圓環，仍舊保有數個。這些圓環源自於日治時期的都市計畫，最大的圓環原名大正公園，而圓環的南門路與中正路交會的地方，雄踞著一棟巨型建築，但衛塔、山牆、牛眼窗、古典柱式……，同時具備典雅之美。

這幢名為臺南州廳的建築，完工於日治時期大正五年（民國五年，西元一九一六年），設計者是非常著名的森山松之助。從選址與外觀都完全體現當時高度的政治意涵。日治時期，官方建築總是選在重要路口，藉由宏偉巍峨的外觀，強勢而直接的傳達統治者的高

曾經被殖民政府塑造為代表統治者的臺南州廳，如今轉型為文學博物館。

二樓左右兩對愛奧尼柱式，托住山牆的兩個基座，頗有希臘神廟的氣勢。

圓形屋頂的衛樓，從上到下三層的窗戶造型各異，但是仿拱心石，卻又將之相互貫穿。

墊高的地基設有防止潮濕的通風孔。

高在上，凸顯殖民政府的氣勢與睥睨，具備震懾與收服殖民地民心的抗拒。

　　這幢建物是屬於馬薩式樣的古典建築，其特色就是斜式屋頂，以及牛眼窗與老虎窗。從正面看，宏偉的門廳與兩側對稱的衛樓，以及墊高基座與厚重的仿石材手法，傳達一種穩重與莊嚴的基調；衛樓也是整棟建物的視覺焦點，正如同總府兩側也有翼塔一般，更是古典式樣建築強調對稱的高明手法。圓形屋頂的衛樓，從上到下三層的窗戶造型各異，但是仿拱心石，卻又將之相互貫穿。

　　但在語彙及裝飾上，又具備畫龍點睛的柔美；二樓則是以磚塊做為建材，也讓配色上顯得活潑。門廳與山牆是建物的欣賞焦點，入口突出的門廊，是許多日治時期公共建築物的共通做法，應該與臺灣多雨有關。三柱一組的托次坎柱式，共計有四組撐起門廊，上方寬大的陽臺，可以做為州知事接受民眾歡呼或閱兵的觀禮臺。

二樓則是左右兩對愛奧尼柱式，托住山牆的兩個基座，頗有希臘神廟的氣勢。

在日治時期，臺南州廳是殖民者的威權統治象徵，隨著光陰流轉與時代變化，她歷經了輝煌、破敗與新生，如今修復後轉型成為保存與推廣她當年壓迫對象的文化結晶──臺灣文學館，讓參觀的人心中有著複雜的感受。

臺灣小書房

森山松之助

森山松之助出生於西元一八七〇年，他的老師也是非常有名的建築師辰野金吾。日治時期明治四十年（西元一九〇七年）來到臺灣，擔任總督府營繕課技師。森山

日治時期的總督府專賣局完工於大正十一年（民國十一年，西元 1922 年），也是森山松之助的作品。

松之助將華麗建築的風格引進，更將臺灣的西洋古典建築帶向高峰，在臺灣的設計作品非常多。

屹立百年的祕密

上圖是州廳內透過現地的實體展示，參觀者能看到這幢建物，在整個基礎與結構施工上的用心與工法，這或許也說明了她為何能屹立將近百年。找找看這項展示在館內何處，又具有什麼作用？

日治時期的
郡役所

臺中

大屯郡役所廳舍位於現在臺中市西區民生路上

大屯郡役所舊照（資料來源：日治時期日日新報，昭和十二年一月二十三日）。

日治 時期大正九年（民國九年，西元一九二〇年）改為「州郡市街庄制度」，支廳廢除後，原本官署建物的高壓權力象徵，也開始有不一樣的轉變。

郡役所就是「郡」的辦公處所，在外觀上不若日治初期官方廳舍那般宏偉，而是隨著懷柔殖民政策的實施，新的地方層級官屬建築完工，有了新的思考與面貌，企圖逐漸褪去其統治者的色彩。

因此我們看到的大屯郡役所廳舍，主體結構是典型日治時期地方機構的磚造平房廳舍，採取左右對稱的基調。以紅磚建材加上白色灰泥的飾帶，頗有所謂的

日治時期昭和十二年一月二十三日日日新報
關於大屯郡的報導。

紅磚是大屯郡役所的主要建材，但因為缺乏
維修顯得老舊。

「辰野金吾」風格，不同於日治前期官署辦公廳舍皆以多層樓來傳達其宏偉氣勢與對被統治者的震懾，大屯郡役所顯得較為親民。

正面主要入口上端有山牆，山牆的施作可謂在簡單的線條中，呈現出變化的趣味，也是整棟建物視覺的焦點。山牆下方為水平的簷口飾帶，並點綴了三個勳章飾，只是此勳章經過簡化，成為三個突出的正方形。入口的玄關為挑高二層柱列式，左右兩側各有一根柱礎為方形的圓柱。柱身上端有凹槽，呈現多立克古典柱式的風情。

當時臺中州下轄有十一個郡，分別是大屯、豐原、東勢、大甲、彰化、員林、北斗、南投、新高、能高、竹山等，幾乎是現在的臺中市、彰化縣與南投縣的範圍。

至於大屯郡下轄有大里、霧峰、太平、北屯、西屯、南屯與烏日七個庄。民國三十四年光復之後，臺中市與臺中縣各自成為層級相同之行政區，而大屯區則劃歸臺中縣，郡役所也改稱為區署，原下轄的七庄改為七鄉鎮。到了民國三十六年大屯區轄下的北屯、西屯、南屯三鄉改隸臺中市，到了三十九年廢區，大屯郡（區）也隨之走入歷史。

不過「大屯」一詞如今在臺中市仍被普遍使用，那是因為原臺中縣的大里、霧峰、太平與烏日四鄉鎮市，習慣被合稱為大屯區。而已經被列為臺中市歷史建築的大屯郡役所廳舍，應該是這段臺中縣、市分分合合的最佳解說員與見證者。

臺灣小書房

「州廳郡市街庄制」背景

日治時期首任文官總督田健次郎於大正八年（民國八年）上任，當時全世界正值一次世界大戰之後，「民族自決」的潮流蔓延全球，在日本國內也受到當時「大正民主時期」風氣

完工於昭和六年（民國二十年，西元一九三一年）的虎尾郡役所，是一幢複合材料與風格的特殊建築。

的感染，也使得日本對於臺灣的高壓殖民統治進入另一階段，企圖提高日本殖民政府在臺的民意基礎。隔年，田健次郎引進與日本殖民母國相同的「州廳郡市街庄制」。

探索臺灣一起去

建物年齡猜猜看

　　大屯郡所廳舍由於年代較久，加上文獻保存不當，因此廳舍的完工時間，包含官方的資料也不確定。然而，我們卻可以她的建築材料以及建物的風格來推測她的完工時間，邀請你也一起來推測。

日治時期的鄉公所

原來的臺中州大屯郡烏日庄役場，幾經輾轉成為臺中縣時代的烏日鄉民代表會。

很多人應該都有到鄉鎮市公所洽公的經驗，但是你有沒有想過什麼時候開始出現鄉鎮市公所？以前的鄉公所長什麼樣子呢？現在就讓我們去看一座已經有八十幾年歷史的「烏日鄉公所」。

烏日的地名來源有幾種不同的說法，一說乃出自平埔族之譯音。另謂此處地勢低窪，筏子溪在此處畫出一個大圓弧注入旱溪，形成一「凹入」處，後來「烏日」即是「凹入」誤音或諧音。

而現在烏日的行政區域名稱及範圍，大體上是於日治時期大正九年（西元一九二○年）確立。總督府施行新地方制度，烏日庄隸屬臺中州大屯郡，並設「烏日庄役場」，將先前的

入口兩側均有逐漸往上凸出的階梯狀裝飾，上緣有一條往兩側延伸的水平飾帶。

烏日區與溪心埧區合併成烏日庄。最早的庄役場原設於今日湖日村，從該鄉鄉志的老照片中，可以發現是早期漢人的普通民居改建。其後因空間不足，另於今日烏日里三民路126號，興建磚牆鋼骨水泥建造的新庄役場，並於昭和七年（西元一九三二）落成啟用。

昭和十二年日日新報的烏日庄役場廳舍照片。

這座庄役場廳舍雖是鋼骨水泥磚牆建造，在外觀和建築語彙的使用上，呈現一派明顯現代主義取向，藉由整體流暢的線條與比例恰當的幾何圖案的修飾，凸顯了日治昭和年間建物的簡潔風格。

建物入口處最上端有修飾成呈弧形階梯狀的山牆，入口兩側均有逐漸往上凸出的階梯狀裝飾；兩側均有突出的雨庇也採取同樣的表現手法；上緣有一條往兩側延伸的水平飾帶，飾帶上每隔一小段距離，便有一與飾帶垂直的尖長五邊形，其尖頭朝下，狀如我國傳統民間信仰中的令符，

雨庇的水平飾帶上，有垂直的尖長五邊形，其尖頭朝下，狀如我國傳統民間信仰中的令符，饒富特殊的趣味。

饒富特殊的趣味。現在看到的廳舍是二樓建築，但根據一些文獻指出，該廳舍最早興建時，原為一樓，光復後再加蓋第二層樓。

民國六十六年於該廳舍附近，新建鄉公所辦公大樓，於六十七年完工啟用。而該廳舍可能是少數自日治時期遺留至今，且還繼續維持使用的庄役場廳舍，由於深具歷史意義，已被列為歷史建築。

臺灣小書房

「州廳郡市街庄」行政制度

原來的臺中州豐原郡內埔庄役場，隨著政權的轉換與行政層級的改變，現在成為后里區公所。

「州廳郡市街庄」行政制度，是日治時期臺灣首任文官總督的田健次郎於日治時期大正九年開始實施。重設臺北、新竹、臺中、臺南、高雄五州，以及臺東及花蓮港二廳。因為州的管轄區域廣闊，為了使州的行政事務有效管理與執行，州之下劃分成幾個適當的市或郡，郡之下就是街、庄。對照現在的行政區域劃分，縣是介於「州」與「郡」之間；郡之下就是街、庄。

探索臺灣一起去

尋找庄役場

上圖是原臺中州彰化郡芬園庄役場廳舍，臺灣目前所剩庄（街）役場不多，就讓我們一起找找看臺灣還有哪些「庄（街）役場」。

活化再利用的
庄役場

有著紅磚拱廊的三峽老街，在臺灣享有盛名。

　　新北市的三峽是非常有名的古鎮，鎮內的民權街是連綿的紅磚拱圈老街，還有「東方藝術殿堂」的祖師爺廟。但是遊客卻很少來到這個昔日的三峽鎮公所，也就是日治時期的「庄役場廳舍」，就坐落在新的三峽區公所對面。

宗工於日治時期的昭和四年（民國十八年，西元一九二九年）的三峽庄役場廳舍。

　　三峽的開墾最早於清朝初期，三峽舊名「三角湧」，其得名是因為此地原為三峽溪，橫溪，大嵙崁溪（大漢溪舊名）三溪匯流之地。早年此處極具水利之便，曾經是大嵙崁溪航運的重要港口，晚清之際，三峽盛產樟腦、茶葉及藍染。

　　光緒年間，三峽隸屬於臺北府淡水縣海山堡，日治初期則屬於臺北縣三角湧

墾務署管轄，而明治三十四年（西元一九○一年）至大正九年間，則改隸桃園廳海山堡三角湧支廳轄下三峽、成福兩區之一。大正九年，兩區合併為三峽庄，屬臺北州海山郡下轄五庄之一。而原名三角湧的三峽，也於此時倣大陸長江上游「三峽」地名，改稱為三峽庄。

以對稱為基調，卻不強調華麗與繁複的裝飾。

　　這幢庄役場廳舍建築完工於日治時期的昭和四年（西元一九二九年）。昭和初年的建築，大體上還是延續大正年間的「巴洛克式」風格，所以會發現這座廳舍，還是採取左右對稱的格局，也就是說，如果我們從建築物的正中央畫一條線的話，會發現左右兩側幾乎一模一樣。另外，仔細看她的門窗，頂部都有不同的裝飾，但是都偏向比較簡單的線條或幾何圖案，像是二樓窗戶上端有被簡化的倫巴底飾帶。

就像許多優雅的紅樓，赫紅的磚塊是三峽庄役場廳舍主要的建材。

　　這幢建物曾有全臺最美麗辦公大樓的封號，除了量體比較小，建物的主體結構和當時不少州廳建築很類似，特別是兩側的衛塔，因此有一種穩重的感覺，而以紅磚為主色調的外觀，頗有臺大醫院舊館那種維多利亞式的優雅風格。

庄役場廳舍於光復後改為三峽鎮公所，民國七十五年新的鎮公所落成，廳舍曾經一度閒置。一直到民國八十八年，才正式開館成為歷史文物館，我們可以在館內閱覽三峽的歷史與故事。

「街」、「庄」與「鄉」、「鎮」

「州廳郡市街庄」行政制度的「街」、「庄」約等於現在的「鄉」、「鎮」。更清楚的說，當時超過二萬多人以上的聚落則設街役場廳舍，

「州廳郡市街庄」行政制度中的五個州政府所在地，因為人口日漸增多，日後都從「街」升格為「市」，上圖是新竹市役所廳舍。

就相當於現今的鎮公所；人口數約一萬多人，就設庄役場廳舍，位階約等同於現今的鄉公所。臺灣現今的「鄉」、「鎮」，有許多在那時候就已經確定。

探索臺灣一起去

老建築新生命

　　三峽在清末是藍染的大本營，變身成為歷史文物館的三峽庄役場廳舍，每年定期舉辦「藍染文化節」，讓更多人在古意盎然的建物內，欣賞這項傳統的手工藝。你覺得地方性的古蹟或歷史建築如何賦予她們新的生命？除了成為文物館，有沒有其他的作法呢？

第五站
民俗與生活

傳統女性角色
的標示

臺中

貞孝坊的石柱都鐫有對聯，除了是對林氏
的推崇，也是對後代子孫的教誨。

在華人的傳統中，非常強調的價值之一，就是女性對於丈夫的守貞，以及晚輩對長輩的孝順。所以古代如果有這方面的行為表現傑出，官府就會立牌坊加以表揚，也讓其他的人可以學習仿效。臺中市大甲區就有一座這樣的牌坊，叫做林氏貞孝坊。

雖然只是一座牌坊，但是卻展現了
石雕的工藝之美。

牌坊因為是屬於傳統社會中具有表揚性質的建築，所以都會設置在重要路口或是熱鬧的大街，林氏貞孝坊原來就是立在大甲城南門，現在則是位於順天路與光明路口。

林氏貞孝坊建於清朝道光年間，是為了表彰林春娘的貞節與孝行。林氏是大安中庄村人，因為家境貧困，從小家人就被送給大甲余姓人家當

屬於「四柱三間三樓式」的林氏貞孝坊，其所用的石材全部來自大陸福州。

牌坊四周還以石欄杆圍圍，具有保護與標示的作用。

童養媳。她的未婚夫卻在她十二歲時就去世了，為了照顧她年邁多病的婆婆，並信守對於丈夫的婚約，決定終身代夫盡孝。道光二十八年（西元一八四八年），在地方官吏與士紳的協助之下，建立這座牌坊，為世人與後代樹立值得學習的典範。

　　林氏貞孝坊所用的石材，全部是來自大陸福州，屬於「四柱三間三樓式」的形式，也是臺灣地區最為常見的一種牌坊形式。所謂的「四柱」是指牌坊主要結構是四根柱子，所以構成了像三個出入口的開間，也就是「三間」，至於「三樓」是代表有三個屋簷，彷彿是三座屋樓。

　　仔細看中間最高處屋頂的上方是「聖旨碑」，顯示牌坊的建立需經由皇帝批准，同時具有慎重與榮耀的意義；屋頂下方則是「事蹟碑」，簡要敘述受表揚人的姓名與事蹟。比較特別的是，多數牌坊僅在正、反兩面刻上對聯，歌頌受表揚人的故事與義行，但是林氏貞孝坊每根柱子的四面都鐫有對聯，也可算是一項特色。

　　牌坊對於傳統女性的束縛與限制，在現今講求性別平權的社會，顯得有些格格

不入；不過對於孝行的提倡，卻顯得更有必要。總之，這座石製牌坊除了值得欣賞，更令人有不同的思考與啟示。

臺灣小書房

話說牌坊

牌坊最早是起源於聚落或式族社會聚居入口處的門形建築，具有標示的作用，其後里坊間若有好人好事便會在牌坊上貼出公告，因此演變為具有告示與宣揚的功能。

臺南孔廟東面的泮宮坊，是原來孔廟「左學右廟」型制中左學的一部分，當然也具有標示進入孔廟的意義。

至於牌坊的形式也從最早的兩根立柱與一片橫木而變得複雜，而成為具有裝飾意涵的牌樓。

探索臺灣一起去

是表揚還是約束？

　　上圖是金門的邱良功母節孝坊，與林氏貞孝坊具有類似的意涵。然而現今社會講求性別平權，有人以為這些牌坊對於傳統女性的束縛與限制，在現今的社會價值觀顯得有些格格不入，你會如何看待這樣的現象？

重視功名傳統的樓閣

臺南

一樓四角簷飾，但二樓與三樓八角簷飾，讓文昌閣具有多層次的美感。

每當到了基測與大學指考的考試季節，許多考生與家長為了祈求考試順利，都會到居住地附近的文昌祠祈拜。在臺南孔廟園區也有一座「文昌閣」，但是除了到此祈求考運亨通之外，她的歷史與建築特色，卻反映了華人的傳統觀念，值得我們去用心看一看。

臺南有府城的別稱，其中又以超過三百年歷史的孔廟，更是享有盛名。臺南孔廟有「全臺首學」之稱，是因為依照古代「左學右廟」的體制與傳統，所以西邊是孔廟，東邊是當時臺灣的最高學府——明倫堂，「文昌閣」則是在明倫堂的東北方。

這座文昌閣是三層樓的建築，完工的時候是孔廟附近最高的建築，向西還可以看到臺灣海峽，在「新建文昌閣碑記」中就提到四週的景象：「東峙大山……南望鳳山……西則洋洋大海」。

文昌閣還保留有木梯，洋溢傳統建築的風味。

「文昌閣」在臺南孔廟園區的東北角落，但常常被遊客忽略。

　　文昌閣乍看以為上、下三層都是類似結構，但實際上最下層為方形，第二層圓形，第三層卻是八角形。第一層與第二層分別是代表華人「天圓地方」的觀念，最上層的八角形則是象徵孔子的學問與人格為八方所敬仰。

　　走進文昌閣，內部還保留有木梯及其他的木構件，但是木梯狹小而且坡度很陡，務必小心行走。二樓供奉的是文昌帝君，三樓則是供奉魁星，也因此有人把文昌閣稱為魁星樓。

文昌閣位在有著全臺首學之稱的臺南孔廟內。

　　文昌帝君在民間信仰中的說法是主管「功名祿位」；魁星腳踩鰲頭，手中則是拿著科舉考試中主考官的朱砂筆，準備圈選中第的考生。現在雖然沒有科舉考試，但是在華人傳統價值觀中，對於功名的重視與以及所謂的「士大夫」觀念，仍舊深植人心，所以兩位神祇仍然受到準備參加考試人們的請託

保佑，甚至和以前比起來可以說是「有過之而無不及」。

　　讀書與考試，努力還是不能欠缺的，但或許「有拜有保庇」，拜拜若能得到更多正向的力量，倒是值得一試。只是來到文昌閣，千萬別忘了欣賞她優美的身影。

臺灣小書房

子不語怪力亂神

　　依照傳統的孔廟形制中，原本應該沒有文昌閣的設置，加上論語中有所謂的「子不語怪力亂神」，也就是說基本而言，孔子是反對鬼神的迷信，

依照古代「左學右廟」的體制與傳統，孔廟東邊是當時臺灣最高學府——明倫堂。

所以具備民間信仰色彩的文昌閣，更與孔子的信念有所違背。只是因為有「全臺首學」之稱的孔廟內，有當時臺灣的最高學府——明倫堂，由於重視科舉考試與求取功名的傳統價值觀，所以才會在孔廟內興建文昌閣，供苦讀的學子膜拜。

探索臺灣一起去

尋找「天圓地方」與「八方敬」

　　上圖是「文昌閣」二樓內部，文昌閣的建築具有多層次的美感，一樓是四角簷飾，以及二樓與三樓八角簷飾。在前面的文章中提到文昌閣最下層為方形，第二層圓形，代表華人「天圓地方」的觀念；第三層卻是八角形，則是象徵孔子的學問與人格為八方所敬仰。但是外觀上卻看不出來彼此的差異，你能夠找出她不同的結構的證據嗎？

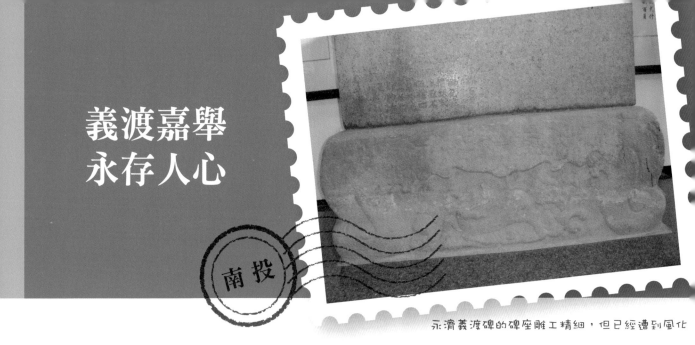

義渡嘉舉
永存人心

南投

永濟義渡碑的碑座雕工精細，但已經遭到風化

臺灣因為天然地理條件的關係，河流密度很高，加上雨季時雨量豐沛，造成洪水暴漲。因此，兩百多年前的清朝初年，要渡過河流到達對岸，只能說困難重重。

當時因橋梁數量不多，造橋的技術也不好，許多橋梁都是用竹枝搭建，但是春、夏大雨一來，橋梁就被洪水沖走。所以過河最主要的方式就是乘船，而在重要的河流都設有渡口，旅客可搭乘渡船過河。

一開始渡口多為民營，後來因為產生許多問題和亂象，例如船家刁難旅客或任意收費，甚至還發生了旅客溺水的事件。為了改善這樣的情況，開始

永濟義渡碑現在被存放在福興宮的辦公室內。

有官渡和義渡的設立與倡導。所謂的義渡就是由地方士紳集資出錢，供人們免費乘船渡河。我們可以從現在還留在不少地方的義渡碑，瞭解這樣的史事。而位在南投縣名間鄉的福興宮辦公室內，就保存了一塊「永濟義渡碑」。

　　碑體上方從右至左橫寫「永濟義渡碑記」六個字，碑上記載了原由董郁文倡議發起設置「義渡口」，至光緒五年（西元一八七九年）因為董郁文突然去世，後來由他的兒子董榮華繼承父親的遺志。碑上詳細記載了捐款者姓名、金額及所置田產，在當時具有表揚義行與獲取大眾信任的功用。這次的募款，共募得兩千餘元。

為了讓人們更清楚閱讀碑文，特別另外用書法抄錄。

　　值得一提的是，當年臺灣總兵吳光亮也捐出其薪俸，頗有登高一呼、拋磚引玉的效果。所有募得的善款都用來購買船隻和僱用船夫，免費提供人們往來濁水溪兩岸。

　　碑文後半段則記載了船客與船家應該遵守的規定，例如船客須自行保管身上財物；船夫若違反規定破壞船隻或無故拒載客人將遭撤換；另外，像是開船時間為「卯」時至「申」時為止等。

　　當我們看著這塊碑上記載的種種事蹟，讓我們不免感念前人為善助人與急公好義的精神，使得百姓和旅客

碑文上關於船夫與乘客的相關議定。

能夠免除渡河的風險，平安展開他們接下去的旅程，這樣的
義行與熱忱實在值得我們學習。

臺灣小書房

碑與碣的差別

所謂「豎石為碑」是碑石
的最早起源，常見於宮廷或廟
宇，後來卻逐漸轉變為在碑上題
文來記述事件或表彰功德等。到
了現在，因為這些石碑能夠長久
留存，所以還成為重要的歷史紀
錄。一般來說長方形的石碑比
較常見，但也有稱為碣的圓形石
碑。

臺南孔廟外的長形「下馬碑」。

義渡經費來源

　　上圖是位於苗栗苑裡的另一個義渡碑，所謂的「義渡」是指提供給人們免費搭船渡河的服務，但是經營義渡卻需要不少的經費，例如購買船隻、船隻的維護和僱用船夫等，而且這些經費必須長期支應。你知道「義渡」是如何經營與維持這些長期所需的花費嗎？（提示：永濟義渡碑文上有答案）

土地公拐的
謙卑祈求

臺灣

中秋節一到，在臺灣的鄉間農田，就會看到土地公拐

因為取得材料的不同，各地土地公拐的造型不完全一樣，但都是一份虔誠的心意。

對於中秋節這個節日的習俗，大家最熟悉的就是吃月餅、柚子與賞月，但是有一項習俗，知道的人就比較少，尤其是居住在都市地區的人們，更難有機會看見。

每年中秋節時，在鄉下的田邊就會看到一根竹枝上夾著金紙與香，這就是所謂的「土地公拐」。土地公雖然是位階最低的神明，但卻可說是與人們一般生活中最為貼近。而因為土地公是直接管理土地的神明，因此為了使收成順利，土地公就成了農夫最重要的祭拜對象。

土地公拐的製作，主要是取一根長約一公尺半

的竹子，將竹枝上端剖開，夾住四方金或壽金與香，有些地方因為竹子取得不易，也可以用蘆葦或茅草，利用尾端的枝葉綁住金紙與香。製作完成後，再插立在田邊，祈求土地公保佑農作豐收、全家平安。

製作「土地公拐」的三項物品——竹枝上、金紙與香。

土地公拐的名稱意思就是土地公用的拐杖，以前鄉下人們流傳著土地公會在中秋節出來巡視農田，這一天也是土地公得道升天的日子。由於土地公在一般的形象中就是有著白鬍子的老爺爺，為了方便他走過農田，所以農人就貼心的做了這個拐杖給土地公使用，至於金紙則是象徵微薄的酬謝禮金。

想一想，這是一個多麼具有溫暖人情味的舉動，卻同時也表現了傳統農業社會人們謙卑而單純的心境。儘管農人的目的是為了保佑作物豐收，但是卻不是用大魚大肉的鋪張祭拜，反倒是體貼土地公年事已高，製作他走過崎嶇田埂時可以助行的拐杖，更可以想見人們在心中，真正地把土地公當成鄰家爺爺一樣的看待。

臺灣雖然不大，但是關於土地公拐的習俗也有一些差異，像是北部不插香只放金紙。另外，據說在新竹、苗栗一帶則是在端午節時插立土地公拐。儘管這些習俗因演變而有不同，但是所表現出來對大自然的虔誠卻是一樣的。

臺灣小書房

土地公的傳說

土地公就是「福德正神」，一般人稱他為「土地公」。是傳統信仰中，位階最低的神祇，也因此最具親和力。土地公的由來有一種說法是在帝堯時代，有一位教

在臺灣幾乎到處都有土地公廟。

導人們農耕的農官，後人感懷他的嘉舉，就供奉他為土地神。另有一說他是一位張姓的收稅官，因為經常協助農民百姓，當他死後，人們心懷感恩，就為他立祠祭拜。

探索臺灣一起去

　　上圖是臺灣某個都市社區中，土地公廟的指標。土地公原本是掌管土地的神明，尤其是在農業時代，土地公是農人的農田守護之神。但是到了後來，特別是在現今的工商業社會，土地公被人們賦予的請託和任務卻愈來愈多，你知道現在的土地公被人們賦予和請託的任務或願望有哪些嗎？

敬天畏地
海山館

馬背脊下方的懸魚也是以獅頭做為造型，
非常具有安平的地方特色。

八十年代臺灣各地的老街逐漸興起，成為吸引人潮的觀光勝地。只是在遊賞這些老街時，卻不免發現不少老街過度商業化，失去其獨有的面貌，特別是假日之際，好像是被人群推著往前走。

猶記第一次到臺南安平老街，走在充斥各種店鋪的延平街上，在人馬雜沓與各種叫賣聲中，嚐了幾樣「必吃的」小吃，趕著再買個幾包特產，然後就上車回家了。事後對於這條號稱「臺灣第一街」的老街，竟然沒有太深刻的印象。其實，只要你願意，隨意選個延平街的巷口，然後拐個彎走進去，保證有許多的驚奇。

「刀劍屏」—木製的屏風，上
端有七件兵器，中央是劍，往
左右兩側分別是戟、斧、刀。

三合院正身的門楣也有一隻劍獅，祈求進出人員平安。

海山館單身手正身屋脊上，有騎在獅子上的黃飛虎將軍，是具有樸拙趣味的辟邪物。

　　安平有一項地區的特色——劍獅，在許多安平人的傳統建物都可以看到，具有辟邪與祈福的意義。在華人傳統中，有許多對於房屋和建築的地理風水的說法，安平一帶因為是早期大陸移民聚居之處，但因為三面臨海，土地有限，建築物非常多，於是有高度「辟邪」的需要。獅子因為具有威猛的形象，長久以來就是華人傳統文化最佳的克煞、辟邪之代表。

　　隱身在安平巷弄中有一座海山館，其起源是清朝將臺灣正式劃歸版圖時，駐防臺灣的官兵來自福建，這些來自外地的官兵，很自然地便以家鄉為中心蓋起了會館，以供奉家鄉神祇和作為聯絡聚會之所。海山館是來自海壇陣官兵所建，但因該鎮有一座山叫做海山，所以也稱做海山館。

　　由於位在安平，海山館除了有造型各異的劍獅，還有其他也是華人信仰中的「厭勝之物」。一進到合院內，就可以看到一座「刀劍屏」—木製的屏風，上端有七劍兵器，中央是劍，往左右兩側分別是戟、斧、刀，屏上畫有一獅頭，四個角落各有蝙蝠一隻，正身大廳對開大門各有一銅製的八卦造型門鈸。

不過最特別的是，海山館左側單身手正身屋脊上，有一個赭紅色的陶土偶，是黃飛虎將軍騎在獅子之上，由於造型可愛，非常具有樸拙趣味。

　　走一趟海山館，不僅可以避開老街擁擠的人群，還能自在的鑑賞傳統中對天地的敬畏文化。

臺灣小書房

劍獅由來的傳說

　　臺灣有不少關於鄭成功的神奇傳說，安平地區的劍獅由來也與鄭成功有關。傳言鄭成功的軍隊盾牌上有類似獅頭的圖騰，驅走荷蘭人後軍隊駐紮安平，士兵返家休息後將盾牌掛在牆壁，劍就橫放在盾牌之握柄，乍看猶如獅子嘴中咬劍，安平地區的居民便仿照這樣的做法。

海山館入口門楣上的劍獅，劍的方向由左而右，代表祈福的意義。

劍獅就是門牌

　　上圖是安平巷弄中一幢民宅門楣上的劍獅。據說早年安平地區的民宅沒有門牌，各家門口不一樣的劍獅就成了最佳的門牌。安平地區的劍獅有著不同的造型、特徵，連口中咬的劍也各有特色，請找出三種不同造型的劍獅，並敘述他們的典故。

第六站
街屋與民宅

中西合璧的大宅院

臺中

聚奎居整體架構是傳統閩南式的三合院圖中是二層樓的正身。

現在有錢人常常住在豪華大樓中，然而大約八、九十年前的日治時期，有錢人住的可是和現在又不一樣，現在我們就一起瞧瞧以前有錢人的豪宅是什麼樣子？

聚奎居洋樓位於臺中市烏日區學田里，居民多係由清代福建州平合縣遷來，以

兩側是紅磚拱圈的護龍。

陳姓居多。學田村在清代稱做「學田庄」，據說因為當時陳姓長老為普及子弟教育，乃捐田或捐錢購田成為「施田」，並且將放租所收租金做為貧寒子弟就學或就試旅費，所以這些田地也被稱為「學田」。

「奎」字是指古代星宿中的文曲星，據說明朝年間，文曲星轉世的魁星爺在一

正身二樓山牆的花草裝飾圖案與堂號。

中庭的水池與入口處圍牆的兩側的矮窗，都是採用中國古代玉如意的造型。

次進京赴考途中經過一處山崖，不慎跌落懸崖山谷，全身嚴重受傷，導致五官變形。所幸得到山神解救，由於毅力堅定，仍然忍痛勉強赴京應考，結果高中狀元。因此後來想求取考試順利的讀書人，都會去拜文曲星。

聚奎居是日治時期烏日數一數二首富陳姓家族的住宅，建造於日治時期大正九年（民國九年，西元一九二〇年），距離現在有八十幾年，整個建築充分呈現當時流行的中西合璧風格。

日本統治臺灣，把西方的建築技術與風格帶來，也造成許多士紳與富商的仿效，但是在房屋格局上還是保留三合院或四合院，此一中西合璧風格一度在臺灣形成風潮。現在還可以在臺灣各地，看到不少合院的架構，但是卻有著西洋風格裝飾圖案的宅院。

聚奎居整體架構是傳統閩南式的ㄇ字形三合院，只是正身是兩層樓。中庭的水池與入口處圍牆的兩側的矮窗，都是採用如意的造型，象徵出入平安、吉祥如意。當然，還有被保留下來的堂號。

不過，正身一、二樓連續的拱門，與護龍連續的拱圈；山頭有花綵紋飾與勳章飾，柱頭有簡潔的幾何圖形和線條，兩旁女兒牆起落有致，線條流暢，散發濃烈西式古典巴洛克洋樓的風味。

站在二樓寬大的陽臺，倚著女兒牆往外望，想像當年在這邊生活大戶人家的愜意——泡杯清茶，看著中庭玩耍的子孫，享受夏日夜晚的涼風。

臺灣小書房

巴洛克式建築與風格

巴洛克式風格是日治前半期（明治與大正）在臺灣流行的建築，其主要特色有二：

彰化縣芬園鄉茄荖的洪姓人家的巴洛克式洋樓，這幢樓房也是完成於日治時期。

1. 就是採取左右對稱的架構：只要在建物的中間畫一條想像的線，就可以在左右兩邊找到完全對稱的結構。

2. 繁複華麗的裝飾：在山牆、女兒牆會有勳章或花草的裝飾；特定的柱式，例如多立克、愛奧尼……

家鄉老宅院采風

　　上圖是臺南市後壁區的黃家大宅，堂號為「荔園衍派」，也是建於日治時期的西洋風格建築。

　　在你居住的家鄉，可能也還保留有類似的日治時期大宅院或是洋樓，接下來是不是由你來當導遊，帶我們去參訪你家鄉的大宅院或是洋樓，並且為我們說說主人的故事。

轉型藝文之家的醫師別墅

臺中

現在的「市長官邸藝文之家」，原來是宮原武熊醫師的別墅。

　　臺灣這幾年對於古蹟的保存和維修比以前重視很多，為了讓這些古蹟和人們更加親近，有些被改成博物館，有些就被改成藝文展覽和用餐的空間。在臺中市的「市長官邸藝文之家」，就是把古蹟活化利用的例子。

　　這幢建物位於臺中一中附近，也就是雙十路和育才街的交叉路口，被稱為「市長官邸藝文之家」，是因為這幢別墅曾經作為臺中市市長的公館，也就是提供給市長住宿的地方，不過這幢房屋原來是日治時期一位很有名的眼科醫師宮原武熊的住家。

　　宮原武熊留學德國，日治時期昭和初年（距離現在大概八十年左右）在臺中市綠川東街和中山路口，開設了宮原眼科醫院。比較起當時日本政府所屬的臺中醫院，宮原眼科在當時應該算是大型的醫療院所。

　　「市長官邸藝文之家」看起來像別墅的建築，其建造的時間是昭和四年（民

國十八年，西元一九二九年）。這個時期的建築有著一種特殊的流行風格，主要是不像先前強調建築物要左右對稱，以及很多複雜的裝飾，而是用水平線條和幾何圖案做裝飾，市長官邸也具備這樣的特色。唯一比較有變化的地方是陽臺的柱頭和屋簷下緣的長形水平飾帶，有一種畫龍點睛的效果。當時附近沒有較高的樓房，所以在三樓可遠眺附近的水源地公園及中一中校園。

陽臺的柱頭和屋簷下緣的長形水平飾帶，有一種畫龍點睛的效果。

　　這幢建物曾經是第一任的臺中市民選市長楊基先，到第八任市長曾文坡先生的官邸，但是之後歷任市長都沒有再住在這裡，有很長的一段時間成為沒人利用的空間。一直到民國九十三年，現任的胡志強市長，推動閒置空間再利用計畫。

陽臺的欄杆上層是鑄鐵，下層則有華人傳統古錢幣的旨趣。

　　市長官邸重新被整修後，成為藝術和文學的展覽或表演的場所，並且委託給民間的企業經營。館內也有販賣西式的餐飲，所以人們到此一遊，不但可以在古蹟的懷舊氛圍中享用西式餐點，也可以看看館內一些展覽。

當然，看完這篇文章後，還可以告訴別人，這裡現在是「市長官邸藝文之家」，但原來可是一位日本眼科醫師的家。

臺灣小書房

日僑中善良分子

二次世界大戰，日本戰敗後，所有的日人均被遣返，但是宮原與臺籍菁英的友好關係，加上對於臺灣人民曾經付出與努力，因此林獻堂與張聘三、張鑫生、葉榮鐘、張煥

宮原武熊的眼科醫院，位置在臺中市綠川東街和中山路的交會處，現在已經被改建為複合式的餐廳。

珪、蔣先於與張深鑷等臺籍士紳，於民國三十五年三月十三日，上書當時身為委員長的蔣中正。該文主要為「善良日僑臺中新高町眼科醫師宮原武熊」請命。只是，這份請願書，並未得到正面回應，宮原武熊乃被遣返回日本。

探索臺灣一起去

轉角遇到老診所

　　上圖是位於臺中市繼光街與民權路口的黃小兒科診所，日治時期有很多醫院或診所的位置就選在路口的交會處，相較於現在，這樣的位置幾乎都是便利商店或是咖啡外賣店。請試著在你所居住的地方，看看還能不能找到這樣的老診所或醫院，並且想想看為什麼當時醫院常常選在路口的交會處。

布農傳統家屋

臺東

布農文物館的布農族家屋展示。

有著黝黑皮膚與又大又亮的眼睛的布農族，分布於中央山脈海拔一千至二千公尺的山區，以南投縣境為主，經過幾次的大遷徙，現在已經廣及於高雄市三民區、臺東縣海端鄉。布農族人因為居住在中央山脈兩側的高山，因此有著高超的狩獵技巧。

南橫公路在臺東縣的起點是海端鄉，鄉內有高達百分之九十五的原住民，其中又以布農族為主。兩、三百年前，布農族人從南投的東埔越過中央山脈尋找新的獵場，其中一部份族人繼續往南來到現今的海端鄉建立新的聚落。

海端鄉的布農文物館保存與展示布農人的生活習俗和狩獵文化。

海端鄉有一座布農文物館，館內保存與展示布農人的生活習俗和狩獵文化。而跨越天橋，我們會來到園區另一個非常重要的戶外展示區——布農族傳統建築。

傳統的布農族建築類型包含了家屋及集會所，家屋的基地前半部作為活動的庭院，後半部才用來蓋房子，穀倉置於室內或做為房屋建築的一部份，以收藏他們的主食小米。建材則是以就地取材為主，簡單的說就是使用居住地區最容易取得的天然材料。

布農族因為居住區域很廣，所以使用的材料會因為所在的地方而有差異，像是石板屋、茅草屋以及木屋與竹屋……等。石板屋採用板石砌牆、蓋頂、

以石板砌成牆壁的石板屋，是布農家屋主要的建材。

以竹枝編成的屋牆再用茅草搭建屋頂，展現布農家屋「就地取材」的特色。

鋪地，僅樑柱使用木材，但是在中部及南部的布農家屋，除了地板用板岩，牆壁以木板為材料、屋頂就覆蓋茅草。

海端鄉這座布農文物館外，展示了五種布農族最主要的家屋，分別是利稻社、久良社、梅蘭社、中心崙社、卡內灣特社。例如利稻社家屋，運用了多種材質，側

牆是用石塊堆砌而成，正面則是大片木板，屋頂最外層蓋上檜木樹皮，再壓上大石塊，防止強風吹襲；梅蘭社家屋就是以竹片和茅草為主。

　　傳統的布農族家屋，展現了傳統生活中就地取材的智慧，和現在所說的環境保護或是節能減碳的觀念，可說是不謀而合，提供給現在的人去思考建造房屋時許多值得參考之處。

臺灣小書房

繪圖記事的布農畫曆

　　在文物館二樓展示一項非常獨特的畫曆，依照文獻記載，日治時期曾有日本人在布農人的家中發現「木刻畫曆」。布農族人在木頭上依照日期以圖案記載重要的活動和事項。不同的圖案，代表不同的意義。

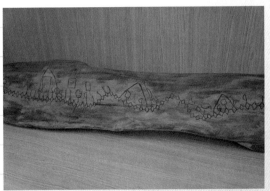

布農文物館中展示的木刻畫曆。

體驗布農狩獵文化

上圖是在布農文物館前廣場，一尊射箭打獵的雕像。布農的狩獵文化有長遠的傳統，我們可以在館方人員的陪同下，使用竹製的弓與箭，瞄準野豬的示意圖，感受布農獵人狩獵的甘與苦。

有煙囪的房子

位在美村路過去美軍宿舍區的房舍，
其突出的煙囪非常顯眼。

聖誕老公公從煙囪爬到家中，送來令人驚奇的聖誕禮物，應該是聖誕節習俗中最讓人期待的事情。但是住在臺灣的我們，對於煙囪應該都感到非常陌生，當然可能也很少在臺灣看到有煙囪的房子。

由於大多數的聖誕節故事發生的背景，都是在緯度比較高，氣溫比較冷的西方國家，由於冬天天氣非常嚴寒，因此都會在屋內設置取暖的壁爐，為了讓木材燃燒的煙排到戶外，就得有一根通到屋頂的煙囪。每當冬天白雪覆蓋大地，屋內壁爐亮晃晃的火爐升起，的確教人感到暖意上心頭。

現在臺中市美術館附近還留有當年駐臺美軍的宿舍。

臺灣市區的房屋若有煙囪，應該都是歐美地區人們到此居住所帶來的習慣。

屋頂煙囪下方的壁爐，而壁爐常常是位在家人共同活動的起居室。

　　其實臺灣過去鄉下的房子也都有煙囪，但是卻是作為廚房燒柴爐灶排煙的用途。然而，你如果仔細觀察，仍然會在市區或郊區極少數的平房上，看到屋頂一節冒出來的圓形煙囪。

　　在臺中市美術館附近，現在已經是非常有名的餐廳街，但是在這裡還有機會看到幾家有煙囪的房子。原來這個地方的房子，曾經作為美國軍人的宿舍，儘管臺灣天氣炎熱，但是可能是想念家鄉，也因為要保有在故鄉生活的習慣，所以還是會在家裡設置壁爐，所以這些突出屋頂的煙囪，就成了五、六十年前大批美軍來到臺灣的最佳見證。其實除了美軍，還有許多同樣來自西方到臺灣服務的人們，也保有這樣的習慣，像是傳教士或教職人員等。

　　民國四、五十年的時候，美國因為分別參與了在臺灣北邊與南邊的韓國與越南國內的戰爭，臺灣因為跟這兩個地方距離不遠，所以有很多美國軍人來到臺灣駐軍或是度假。這些美國人來到臺灣除了留下煙囪之外，他們的生活方式也影響了臺灣

人，例如喝咖啡、吃牛排和麵包、看電影、到酒吧唱歌跳舞……等。

　　筆者還記得小時候很少看到美國人，所以總是覺得很新鮮，如今是一個地球村的時代，走在街頭很容易就看到不同膚色和臉孔的外國人，但是要找到這些有煙囪的房子卻已經愈來愈困難。

臺灣小書房

很「美」的街道

　　在臺中市還有好幾條很「美」的街道，都與民國四、五十年時，進駐臺灣的美軍有關係，例如「美村路」是當時美軍和眷屬集中住宿的眷區；「中美街」則是代表中美

不知道臺中市美村路由來的人，可能會誤以為這裡過去可能有一個很美的村子。

合作，還有華美西街……等。另外，在大雅路和五權路一帶有很多的酒吧和舞廳，原來也是提供美軍消費的地方。

　　上圖是如今算得上普遍的蘋果，黃春明先生有一篇叫做「蘋果的滋味」小說，描述美軍駐臺年代，人們對於這種昂貴水果的渴望，更表達臺灣人對美國文化、生活所產生的「美好」、「豐足」與「崇拜」的心情與憧憬。事實上，當年美軍確實帶給臺灣人不少影響，甚至到現在都還可以看到。你覺得這些影響有哪些？

和你玩看圖
猜謎的洋樓

臺中

山牆中央的「文」字是取自原主人的姓名
鳳梨的裝飾告訴我們這棟建物的用途。

在臺中市東區，靠近火車站後站不遠處有一座年齡超過八十歲，充滿古典風味的兩層樓建築。

這幢「洋樓」確切的完工時間已經難以查證，但是從使用紅磚作為建材以及

右側女兒牆上一艘貨櫃輪船的圖案，代表俗話中「大船入港」賺大錢。

房屋的立面的樣式，推測是建造於日治時期的大正年間。大正年間的街屋，屬於巴洛克式風格，房屋的立面常常呈現左右對稱，然後會看到許多特定式樣的柱子與各種花草、勳章的泥塑裝飾。

另外，如果是做為商店的街屋，那麼立面常常有特殊裝飾，因此也被稱為牌仔樓。接著就讓我們來看前述的這幢洋樓，

從她的裝飾來猜猜看房屋的主人和其原來的用途。

　　這幢洋樓山牆正中央是一個被圓圈圈住的「文」字。在那時候，人們常常會把主人的姓名或是商店名稱直接標示在房屋上，因此小朋友應該可以猜到，原來主人的姓名中有一個「文」字，正確的答案是叫「陳文銘」，「文」字同時也是公司的商標。

從立面後方，可以發現使用紅磚作為建材。

　　在「文」字下方就是臺灣著名的水果鳳梨，小朋友是否猜到什麼了？原先這是一家專門經營水果外銷的公司。臺灣因為香蕉的品質很好，日治時期有許多香蕉出口到日本，臺中火車站一帶因為交通便利，有大量香蕉的買賣，還被稱作「香蕉市」。陳文銘先生便在此創立其「文青果組合」，從事香蕉的買賣與外銷。

深灰色的色調與古典的裝飾，讓「文」青果組合會社整棟建物顯得異常典雅穩重。

　　一般來說，雖然處在日治時期，但是牌仔樓還是偏向使用華人祈求吉祥平安的傳統圖案，但是在「文青果組合」中央山牆兩側的女兒牆上，卻是一艘新式的的輪船載滿了一個個貨櫃。聰明的小朋友應該有想到，這不但表現了屋主的行業，同時也帶有俗話中「大船入港」賺大錢的意涵。

「文青果組合」後來遷移到別處，房屋賣給鄭傳對醫師作為外科診所，所以有很長一段時間，大家都習慣稱這幢屋舍為「鄭外科」。

　　看完這則介紹，希望你有機會再看到類似的建築時，記得找找看有什麼線索，進而推測她的背景或是故事，那你就可以成為一位歷史建築的鑑賞家了。

臺灣小書房

不同的街屋風格

　　本文所介紹的「文青果組合」，是屬於巴洛克式風格，由於流行於日治時期大正年間（民國元年——十四年），所以又稱為「大正街屋」；到了昭和年間（民國十五年——三十四年）建築風格轉向現代主義，最常運用幾何線條或是抽象的圖案，同樣的也別稱「昭和街屋」。

雲林縣西螺鎮延平老街的街屋便屬於「昭和街屋」，上圖其中一街屋的三樓立面，可以看到很多幾何線條與圖案，右邊有凸出的小鐘樓。

建物猜謎又一章

　　在建築物上運用裝飾，以表現屋主的行業，是日治時期街屋常看到的做法。上圖是雲林縣西螺鎮延平老街的建物，三樓的立面是一類似不規則的波浪形狀，猜得出來這兩幢建物的主人是從事什麼買賣或行業嗎？並且請你找出這幢建物的「昭和街屋」特徵，並且比較和「大正街屋」有什麼不同？

樟腦採集繁榮的聚落

新竹

上坪老街就在新竹 122 縣道旁。

從新竹的竹東鎮出發，走 122 縣道往東一路上山，可以探訪張學良故居或是清泉溫泉。然而許多人往往會忽略半路上一個叫上坪的小聚落，這裡仍然保有一段日治時期遺留下來的老街。

連續的紅磚拱廊，如同上坪老街綿長的歷史。

上坪因地處城鎮與山林交接處，自清末以來就扮演邊關、隘口的角色，肩負內山山產、茶葉及街庄之物資集散、消費功能。而且就如同臺灣北部與中部的山區，自清朝就是樟腦的重要產區。

樟腦曾經開啟臺灣一段輝煌的歲月，西元一八六九年，一對叫做耶特的美國兄弟，用樟腦製成一種人工合成材料，並將之命名

為「賽璐珞」，是當時大量運用的工業原料。後來，又有人將「賽璐珞」製成底片，更開闢了樟腦另外一項很重要的用途。到了二十世紀，樟腦又搖身一變成為不可或缺的軍火工業用料，用以製造無煙火藥，導致樟腦在國際間的需求大增。所以清朝政府與日本殖民政府，都把臺灣的樟腦當作重要的貿易收入來源，並大肆開採。

日治時期明治三十二年（西元一八九九年），上坪設有樟腦出張所，掌理有關樟腦的收買、販賣、製造等事務，成為山區與平原的物資集散場、漢人與原住民的交易中心。在極盛時期，上坪有酒店、旅社二間、豬肉店四攤，而領有煙酒配售證者，在百公尺內即有四家，在在顯現上坪當時之榮景。

樟腦採集沒落後，上坪仍是一條稱為百礄古道的中繼站，另外有林業與茶葉。但民國五十年初期，上坪茶工廠因大火燒燬，更因為現代化道路開闢，藉由肩挑與步行運送貨物的方式日漸式微，古道失去功能，人口也漸漸外移。

上坪老街的街屋是二層樓磚塊與木頭的建築，建於日治時期大正年間。一樓為磚造的單一半圓拱

紅磚所堆砌出的拱廊，是上坪街屋的特色與標記。

建於日治時期大正年間的上坪街屋，紅磚與木頭是主要的建材。

廊，乍看之下與湖口老街非常相似，但也穿插了幾間類似於三峽老街的兩小一大的三圓拱的騎樓。二樓立面則顯得樸素，沒有過多花俏的裝飾。

　　儘管不再有過去的繁榮，但老街建物依然挺立，散發一股獨特的典雅氣質。

臺灣小書房

因為樟腦引發的戰爭

　　咸豐十三年（西元一八六三年），臺灣道臺（臺灣建省前，臺灣最高層級的行政長官）陳方伯將樟腦正式收為官辦，將艋舺軍功料館改為腦館，外商洋行或腦館不可直接

上圖是非常著名的集集綠色隧道，參天樟樹構成美麗的公路景觀，向東抵達曾經也是樟腦生產重鎮的集集。

向民間收購樟腦，均需透過清朝官方之手，致使洋行的既得利益嚴重受損，也導致後來發生於西元一八六八年的樟腦戰爭。清廷戰敗後，簽訂了極不平等的樟腦條款，條約中正式停止清朝第一次的樟腦專賣，將腦務的買賣特權交給外商。

樟腦開採與客家人

　　上圖是臺北的樟腦工廠,是日治時期臺灣樟腦生產的大本營。臺灣的樟腦開採與客家人有著密切的關係,從清朝時樟腦生產之地幾乎都集中在桃竹苗地區,到了日治時期,樟腦開採卻逐漸往中部、南部,甚至東部發展,而且產量愈來愈多,但是客家人仍然是最主要的人力,就讓我們一起去探索原因為何。

第七站
歷史橋梁

外型像烏龜的紅磚橋

桃園

數條由紅磚所構成的曲線，型塑了一座如同一道彩虹的濟安橋。

清朝 乾隆三十年（西元一七六五年）時，臺灣知府蔣允焄在臺南建造了四座磚拱橋，根據文獻中描述，「其形遠望如龜背彎曲」。從文獻上留下的隻字片語，推測是一種用紅磚砌成的半圓形拱橋，因為看起來像烏龜，所以又稱駝龜橋。

這四座拱橋有可能是臺灣最早的橋梁類型之一，但是因為距離現在已經快三百年，早就不見蹤影。然而很幸運的，如今我們竟然可以在桃園縣大溪鎮打鐵寮古道起點處，看到這種已經消失的所謂「駝龜橋」。

根據大溪鎮誌的記載，打鐵寮古道位於大溪三層附近，由於附近群山環繞，古道是

大溪打鐵寮古道起點處的濟安橋，是兩百多年前「駝龜橋」的復刻版。

過去大溪與復興，甚至是巴陵之間往來的唯一聯絡道路。根據傳聞，當時在古道上有一戶專門打鐵的人家，其所打造的鐵製農具品質非常優良，過往行人在回程途中，順道在此購買農用或打獵所需之鐵器。時間一久，這條山徑就被稱作「打鐵寮古道」。

打鐵寮古道有優美的風景，相片中古道遠處就是濟安橋。

　　臺灣現在留下來的紅磚古橋已經很少，但是在桃園縣的龍潭、大溪與平鎮這三個緊鄰的鄉鎮卻還有好幾座日治時期所建造的紅磚橋。濟安橋算是一單拱的小型紅磚橋，與現存許多古橋較不同者，是該橋有拱形的彎曲橋面，所以走起來先上再下，別有一番特殊趣味。

　　橋上的護欄不高，也是由紅磚整齊的堆疊而成。從側面望去，數條由紅磚所構成的曲線，猶如一道彩虹，讓原本剛硬的橋體，蘊含

「太平濟安二橋」圓形石碣，記載了捐款人的姓名與金額。

了柔順之美。橋頭、橋尾各有兩根望柱，望柱的頂端造型非常講究，是以菱形與正三角形所構成，仔細一數，共有六個菱形與八個正三角形，合計十四面，其線條與比例猶如一顆經過精密計算與精細切割的鑽石。

　　濟安橋跨越的草嶺溪，自古以來經常造成水患，導致往來古道上行人的不便與危險，所以此地村民便於日治時期大正十五年（民國十五年，西元一九二六年）集

資建橋，總共興建太平、濟安兩座橋梁，完工後立有一座名為「太平濟安二橋」的半圓形石碣，而濟安橋的名稱就是希望過往旅人平平安安。

　　邀請你，也可以來看看這座像烏龜的濟安橋，而行過之後也能平平安安。

臺灣小書房

欣賞一座橋

◎望柱：望柱是指橋最外側最大的欄柱，因此一座橋會有四根望柱，望柱通常是一座橋裝飾最多也最精美之處。

濟安橋的望柱頂端造型仿若切割精細的鑽石。

◎金剛雁翅：大型的多拱橋梁，在兩拱圈交接之處被稱為「山花牆墩褲襠口」，但從迎水面欣賞，橋墩基座修砌成能降低水流阻力的船首形狀，配上兩側拱圈向上的弧線，無怪乎在傳統工法中，被稱為「分水金剛雁翅」，真是非常傳神。

從圖中的角度看這座紅磚古橋，宛若一隻展翅飛翔的大雁。

尋找紅磚橋

　　上圖是同樣在打鐵寮古道上另一座紅磚橋——太平橋，磚造的橋梁其赭紅的顏色散發歲月的光澤，更因此被雅稱為「紅橋」。臺灣所剩的磚造橋梁不多，就讓我們一起找找看臺灣還有哪些「紅橋」。

市區古橋的代表

臺中

鋼筋水泥為建材的中山綠橋完工於明治年間，在當時還非常罕見。

臺灣 在清代以前的古橋材料幾乎都是以竹子、木頭、石板等天然材料為主，這些材料非常環保，但缺點是容易腐爛，而且當遇到較寬的河面時，這樣的材料也不夠堅固。然而，自從日治時期引進西方的工法後，這些問題逐漸被解決。

橋孔的弧線和其上的幾何圖形裝飾，讓中山綠橋給人一種穩重的感覺。

特別是在日治前半時期，配合當時的「市區改正計畫」，加上鋼筋水泥的建築技術已經逐漸成熟，許多跨越河流市區的橋梁，在作法上都以鋼筋水泥完成其主體結構後，最外層再覆上洗石子。

我們現在在臺中市鬧區，還可以看到一座這樣具代表性的橋梁，那就是中山綠

橋。這座橋於日治明治三十二年（民國前十三年，西元一八九九年）完工，距離現在已經百年；橋寬十公尺，長二十二公尺，跨越貫穿臺中市的綠川。

綠川原本稱作新盛溪，中山綠橋的原名也叫做新盛橋。日治時期，第五任總督佐久間左馬太巡視新盛溪時，發現兩岸遍植花木、翠綠怡人，於是將之改名為綠川，而新盛橋也隨之改為綠橋。

外觀與裝飾上，可以看到其具有優美弧形的橋孔，上面飾有幾何的線條和圖案。橋兩側有藝術風格圖案黑色鑄鐵，和灰色水泥柱相互間隔的欄杆。從遠處望向中山綠橋，暗灰色的橋身，配上比例恰當的線條和圖案，在穩重中又不失優雅，還散發出歷史光輝與藝術美感。

古典式樣的中山綠橋，在熱鬧的市區中，更顯出優雅的氛圍。

橋的一端修建成向外的八字形，宛如張開雙臂歡迎您前來。

更值得一提的是，橋兩側靠近頭尾的地方各有一根上窄下寬的長形燈柱，柱身從上到下的凹槽，將燈柱修飾得更顯修長。此外，如果你是從臺中火車站走向中山綠橋，你會發現兩邊的橋頭修築成向外擴張的八字形，宛如張開雙臂歡迎您前來。

根據老一輩的臺中市居民的口述，中山綠橋不僅是市區中優美的場景，也是人

們最常相約碰頭的地方，更是他們留下倩影的最佳取景地點。

　　下次有機會到臺中市來，別忘了來探訪中山綠橋，並且比較她和附近的橋有什麼不同，應該能夠感受當時建橋者的用心。

臺灣小書房

市區改正計畫

　　日本在統治臺灣的前半期，在臺灣各大小都市推動「市區改正計畫」，將原本清朝中式的城廓與街屋，改成西方棋盤式的街道與建物，市區內的橋梁也通通一併改建，

日治時期臺中市實施「市區改正計畫」，原本臺灣省城的北門門樓被拆除後，在地方士紳的請求下，才被保留下來安放在臺中公園。

中山綠橋就是臺中市市區改正計畫下的產物，值得一提的是，這項市區改正計畫的推動，與當時在臺中公園舉辦的縱貫鐵路通車有著高度關聯。

舊橋、新橋比一比

　　上圖是中山綠橋橋上的燈柱，和綠川上其他比較新的橋相比，我們會發現這是中山綠橋非常不一樣的地方，也是她的重要特色。你知道中山綠橋上，為什麼要有這些燈柱嗎？

橋名就在欄杆上

太平橋用大大的橋名去做裝飾，
兩側的橋欄杆就是「太平」兩個大字。

一般來說，橋梁的名字，都是刻在橋兩側的望柱，而且字體不大，但是在高雄市旗山區卻有一座太平橋，用大大的橋名去做裝飾，兩側的橋欄杆就是「太平」兩個大字。

旗山是一個頗富歷史的小鎮，舊稱蕃薯寮，到了日治時期大正九年（民國九年，西元一九二〇年）被改名為旗山郡，在日治時期更是以其優質的香蕉與南投的集集而齊名。鎮內有許多名氣不小的古蹟，像是巴洛克風格老街、哥德式樣的火車站、石砌圓拱的亭仔腳……等。

旗山有許多日治時期的建築，其中歌德風的旗山車站，更是全臺僅見。

太平橋雖然有將近百年的歷史，但可能是因為隱身在旗山鎮鼓山公園的半山腰處，因此許多人，甚至可能有些旗山人都不太知道。然而太平橋可能是臺灣唯一一座用橋名去裝飾欄杆的橋，因此更顯得特別而珍貴。

沿著階梯繼續往山上走，就是太平寺。

這座橋完工於明治四十一年（西元一九○八年），橋體小而迷你，長度約為兩公尺，寬度大約一公尺半，高度約為一公尺，主要是為了讓人們方便通過水圳，橋下的水圳是旗山圳的一部份。

臺灣稱作太平橋的橋梁不少，但是這座太平橋造型卻堪稱一絕。整座橋是以鋼筋混凝土作為建材，外觀再用洗石子的工法，所以看起來會像是用天然的石頭去砌成的一座橋。望柱（橋最外側最大的欄杆）為長方柱體，頂端為半球形收尾，柱體兩側有三條凹槽，其橋體欄杆中間直接以橋名「太平」兩字設計為圓形圖騰，「太」字與「平」字分佔圓形上下，構成柔美的線條，而這樣的欄杆造型與表現手法，可說是絕無僅有。

望柱為長方柱體，頂端為半球形收尾，具有幾何趣味的美感。

只可惜年代久遠，所以無法知道當時為什麼要做這樣別出心裁的設計。但是據

說「太平」的名稱是因為繼續往山上走有一座太平寺，而橋和寺廟都是因為過去這裡常常發生為了爭奪水源的械鬥（清朝時不同姓氏或祖籍的人們，為了搶奪土地或水源等，而產生的爭鬥與傷亡），因此設計者希望藉由放大的「太平」兩字，提醒後人要記取教訓。

臺灣小書房

旗山上水道

太平橋下的水圳是旗山圳，也就是所謂的「原旗山上水道」的一部份，這條寬僅約一公尺水圳，是旗山人在日治時期的自來水

太平橋跨越了旗山圳。

水源。而距太平橋不遠處就是原來的自來水各項淨水設施，附近也是旗山的「水源地」。

橋名大探索

　　上圖是非常著名的西螺大橋，在臺灣最常見的橋名來源就是地名，至於本文介紹的太平橋，不只造型非常罕見，其實連橋名也有其特殊的紀念意涵。只是除了這兩類橋梁的命名方式之外，還有其他不同的橋梁命名方式，值得我們去一探究竟。

用糯米做的橋？

臺中

金門橋是一座小巧的糯米石橋，跨越東勢本圳

現在 的橋因為科技愈來愈進步，所以橋的材料不外乎是死氣沉沉的水泥或是冰冰冷冷的鋼材，而在造型總是充滿了科技未來感的龐然大物，但是卻少了一份讓人想要親近，或是停下來欣賞她的感動。

然而，位在臺中市東勢區下城的金門橋，卻是洋溢著質樸與親切的氛圍。金門橋橋長約 3.1 公尺，橋寬約 2.3 公尺，有可能是臺灣現存糯米橋中最為迷你可愛者。望柱鐫刻「昭和十六年竣工」，昭和是日治時期的年號，時值民國三十年。

那時候水泥已經比較常見，但因為正好是二次世

橋的每側欄杆有兩根望柱，呈現四個正三角形的尖頭收尾的；中間兩根柱子較矮。

界大戰期間。戰時因為各項建設物資缺乏，居民乃以傳統的工法，將煮熟的糯米及石灰加上黑糖作為黏劑，把經過切鑿整齊的石塊與石板加以黏合，而這也是為什麼我們把這類的橋稱作「糯米橋」的由來。

這座橋雖然小，但是卻充滿美感。橋的頭尾兩側的望柱，呈現四個正三角形的尖頭收尾的；中間兩側各兩根橋柱較矮，形成規律的對稱之美。行至側方，橋面

橋下是下城的洗衣場，每日清晨規律的擣衣聲與談笑聲，應該是金門橋最具生氣的場景。

下十數顆梯形石塊所鉤勒出的虹形曲線，宛如神來一筆。加上久經歲月洗禮，石塊與石板或風化或長出青苔，令人行在其上時，不覺散發思古之幽情。

事實上，這樣的糯米橋在民國四十年以前頗為流行。目前則在苗栗、新竹等山區還不少，而最富盛名的應該是南投縣國姓鄉的糯米橋。由於施工嚴謹，符合力學結構，許多橋雖歷經地震考驗，仍能屹立不墜。想一想，在那物資缺乏的年代，先人懂得就地取材，所有的石材與黏合材料都是最具環保概念，更是符合現今節能減碳的風潮。

小巧古樸的金門橋散發了親切感，當居民每日跨

金門橋完工於昭和十六年，時值民國三十年，正好是二次世界大戰期間。

越這座小橋，就好像和老朋友、老鄰居打招呼一般，熟悉而沒有距離。此外，橋下圳溝，還特別被闢為洗衣場，想必每日清晨，村中婦女規律的搗衣聲與談笑聲，應該是金門橋最具生氣的場景。

臺灣小書房

客家聚落的特色——隘門

正如同臺灣許多客家聚落，下城在清朝開發之初，因為位處於平地與山區的交界，不同族群間為了生存的資源或地盤，所發生激烈的械鬥與搶奪。原本下城里有「日昇」

金門橋和旁邊名為月恆的隘門，一起構成進出下城西側的守護關卡。

與「月恆」兩座隘門，屹立於聚落東、西兩側，守護下城里一百四十餘年，「日昇」門在幾年前則因街道拓寬而遭到拆除。「月恆」門在九二一地震雖有震損，但今已依原狀修復保存，門上有內寬外窄的防衛用鎗孔。

探索臺灣一起去

不在金門的金門橋

　　上圖是金門橋的望柱，一般來說聽到「金門橋」這個名稱，就會認為這座橋是在「金門」，只是這座「金門橋」卻是在臺中市東勢區下城里。你一定也很好奇，為什麼這座不在「金門」的橋卻被稱作「金門橋」？（提示：與方位有關係）

如同積木堆疊的石板橋

新北

從側面觀察大舌湖橋，可以清楚的看到一層層往上、往外堆疊的石板。

你玩過積木嗎？積木好玩的地方就是可以堆疊出各種造型，真實的生活中，有些建築就如同堆疊積木一般，在新北市坪林山區的漁光里，就有一座大舌湖橋，橋體就如同堆疊的積木。

大舌湖橋位在美麗的山林中，大舌湖名稱的由來是因為北勢溪流到這一帶形成一個大灣流，看起來如同一條大蛇吐信

新北市山區，常見石條或石板來建屋與搭橋，上圖是舊漁光派出所。

（舌頭），所以這個地方最早的地名就是蛇舌湖，後來又改名大蛇湖，光復以後才又改稱漁光村。

在臺灣北部的新北市和基隆山區，常有機會看到用石條或石塊堆疊或砌成的

大舌湖橋橋面也是由長型石板鋪成。

房屋。這些地方因為安山岩的地形很發達，先人用安山岩敲打成長形的石板、石條，拿來做成建造房子的材料。此外，這種有利於打造成長形石板的安山岩，更可以被做成石板橋，特別是像新北市山區有很多的河流與山谷，在以前科技還不是很進步的時候，利用這種石板來做橋，也具備了堅固、安全與經濟的原則。

石板製成的石樑材料強度還是有一定的限度，所以遇到較寬的河面時，就得另想辦法。大舌湖橋為了跨越比石板還長一些的河床，就從河岸兩端向中間一層層堆疊向外凸出的石板，目的就是縮短橋的跨距（橋梁兩端著力點的寬度），如此一來原來石樑不夠長的問題，就能被克服。事實上這是一種自古代流傳下來建築技術，特別是用在磚塊與石板這兩種建材上，稱作「疊澀」。

所以走在橋上可以看到整座橋雖然約七公尺長，但五根作為石樑的石板長度約四、五公尺，前後兩端則各有一些排列不甚整齊的石塊，就是藉由他們的重量壓住作為疊澀的石板。

望柱的大舌湖橋幾個字已經不容易辨認。

如果有機會到此一遊，記得從側面觀察大舌湖橋，可以清楚的看到一層層往上、往外堆疊的石板，就知道什麼是疊澀這種工法。

橋與石碑

在從前造橋鋪路是許多地方官員或百姓引以為榮的善舉，相較於官員修築橋梁的行為，會在官方的史料中找到記載。民間出錢、出力所建造的橋梁，就會在橋梁附近立下的碑碣留下紀念。

不過因為時間久遠，有的碑碣已經不見，而一些倖存的，也因為風化而不容易看清楚。

宜蘭五結的永安橋是一座超過百年的石板橋，上圖是建橋後立下的石碑。

探索臺灣一起去

石碑透露的祕密

　　上圖因為缺乏相關的文獻，加上望柱已經看不出建橋的時間，因此大舌湖橋的基本資料不多。但是在橋的一頭，有一座小石碑，請從石碑上所記載的文字尋找與推測大舌湖橋的相關資料。

原汁原味的
水簾橋

新竹

水簾橋就位在峽谷的頂端，受限於傳統材料的張力，古橋最常選擇河流兩岸的最短距離建橋。

臺灣現在還留有一些古橋，但大多數都經過整修或改建。所以，筆者認為要稱得上是一座完整古橋，在外觀與結構上一定要保持原來的面貌，像是橋墩、欄杆、橋頭的望柱，以及橋面等，如此一來才能使得當年就地取材於大自然的材料，保有原汁原味，進而使整座橋融入於周遭的景觀。

在新竹縣與苗栗縣交界的「獅頭山風景區」的遊客中心附近，有一座水簾橋，不但名稱充滿詩意，更是一座不折不扣且未經「整修」的古橋，整座橋是以當地的砂岩為材料。

沿著「水簾橋」指示的步道下到河谷底部，自

全部以石材完成的水簾橋，保留傳統建材的質樸之美。

溪澗往上看，有一渾然天成的「一線天」峽谷景觀，仔細看峽谷的頂端，一座被樹叢掩蓋而不甚清楚的石橋，就是「水濂橋」。古橋優美的石拱，搭配周遭清麗的山水與翠綠的林相，像極了一幅山水畫，而橋名的由來，也是因為附近有一稱作「水濂洞」的天然岩洞。

　　「水濂橋」建於日治大正七年（民國七年；西元1918年），是一座單拱的小型石橋，橋長約七公尺，寬約兩公尺，是早年連接北埔、峨眉、南庄的獅山道路上，人們來往必經的橋梁。

望柱橋名石刻字體秀美，和這座原味古橋頗為搭配。

　　欄杆造型古樸，兩側各有四根長方形石柱所構成，柱頭之處展現了石匠精巧的用心與手藝。望柱（橋梁每側前後的柱子）柱頭是以四個正三角斜面構成，而以尖頭收尾，乍看之下好像一枝筆；中間兩根石柱的柱頭，則是以含苞待放的荷花造型呈現，飽滿的花苞與水滴形的花瓣，竟在硬梆梆的石頭上做了栩栩如生的刻劃。而這些雕刻的紋理，經過長年的風化，線條更顯得婉約柔美。

　　砂岩有利於打造成長形的石板，橋面是由五個單位的長條形砂岩所組成，而每個單位又由數塊砂岩所接續而成。石板在經年累月的行走，有明顯下凹的磨

「水濂橋」建於日治大正七年，距今已經有八、九十年的歷史。

痕。想想這是前人挑著上百斤的重擔日夜往來，才留下的深刻見證與足跡。

　　經歷歲月的考驗與加持，橋上處處可見累積近百年的青苔，與人們觸摸後散發的幽幽光澤，當我們走過橋上的石板，發出窸窸窣窣的聲響，也同時在和古人進行一場跨越時空的邂逅。

臺灣小書房

被破壞的古橋

　　臺灣古橋所剩不多，能被完整保留的更少。有的古橋為了暫時獲得更寬的橋面，欄杆被拆除殆盡，殘存幾根原始橋柱或橋墩；再不然就是橋頭的望柱被塗上水泥

只剩下橋墩與基座的苗栗縣公館鄉永昇橋，橋上的望柱、欄杆被拆除殆盡。

或不當的立碑所掩蓋；有些雖能保留欄杆與橋柱，但是橋面卻被鋪上柏油，破壞了原始風貌。

含苞待放的蓮花

　　上圖是水蘸橋欄杆柱頭的石雕，看起來像是一朵含苞待放的蓮花。一般而言，橋上的石雕實物裝飾最常見的就是獅子，象徵辟邪與平安，而蓮花的柱頭較為少見，邀請你也一起來想想看，當時為何會有這樣的設計？（提示：可能與水蘸橋的所在地有關）

僅存的
日治時期木橋

臺中

臺中公園的中山橋，有著亮紅的顏色
與彎曲的橋身。

臺中市的地標——湖心庭聞名全臺，這座湖心庭是一百多年前（西元
一九〇八年，日治明治四十一年）縱貫鐵路全線完工，當時日本人為了
宣傳他們治理臺灣的政績，於是選擇臺中公園辦理了非常盛大的通車典禮，並且邀
請日本的閑院宮載仁親王，特別來臺主持通車大典，而湖心亭便是親王的休憩所。

　　湖心亭位在公園的湖中，為了讓親王能步行到湖心亭，所以建造了連通小島
的兩座木橋。中山橋原名一號橋，另外一座則是原名二號橋的中正橋，也有人將兩
座橋通稱為「比翼橋」。然而，中正橋在後來的整建中，已經改為鋼筋混凝土材質。

　　當我們翻開自清朝起的建橋歷史，就會發現這座木橋的珍貴。臺灣木橋的建
造，可遠溯自明鄭與清乾隆時期，到了明治維新後的日本，自歐美把新式的建築
材料與技術引進臺灣，進入國民政府時期，為了快速發展經濟，建築講求速效與
成本，幾乎都用鋼筋水泥來建橋。因此我們不禁慶幸這座木橋仍能被保存，民國

湖心庭是臺中市的地標。

外型好像一顆桃子的「擬寶珠」，常常出現在日本傳統建築欄杆的柱頭。

八十八年臺中市政府將湖心亭與中山橋公告為「市定古蹟」。

我們現在看到的中山橋，是民國七十四年五月整建後的模樣。這次的大整建，考慮到木材遇水容易腐壞，所以將橋下的橋墩和橋柱改為混凝土，而為了提昇划船的便利與安全，弧圈的頂端也升高。

木質橋板走起來略帶彈性，感受非常特別。

當我們從自由路的大門進入公園，赭紅色的中山橋立刻映入眼中。中山橋並沒有太多精美的雕刻，橋欄杆的扶手與扶手之間，以銅片與大型銅釘接合與固定。但是望柱與其他欄杆的柱頭好像一顆桃子，這在日本的傳統建築中稱為「擬寶珠」，更因為被漆成接近木頭原色的咖啡色，在整座紅色的橋梁上，顯得特別突出。

走在橋上，與一般的水泥橋有著非常不同的感受，腳下踩的是略帶彈性的木質橋板，手上觸摸的是有著溫潤質感的木頭欄杆，使人感受濃厚的懷舊風情。

臺灣小書房

木橋——橋梁最早的原型

木橋應該是橋梁最早的原型，把一根樹幹架在小河上，就是最簡單的橋梁形式，然而為了跨過更大的河流，便發展出複雜結構的木橋。一般而言，學者們認為最精巧、進步，且

在臺中市科學博物館內有一座仿自清明上河圖中的木橋。

獨一無二的木拱橋，就是宋朝首都汴京（河南開封）的虹橋。這座橋雖然已經腐朽，但事實上你可能見過她的身影，只是未加以仔細端詳，原來這座橋就出現在非常著名的清明上河圖中，這幅畫的作者是宋代著名的畫家張擇端。

探索臺灣一起去

木橋與地名

　　上圖中是臺灣一些山林間的登山步道常看的木造橋梁，木橋用閩南語發音就成了「柴橋」。漢人剛到臺灣開發時，交通並不發達，所以有柴橋的地方並不多，也成了這個地方的特色，甚至成為地名。

　　臺灣有哪些與「柴橋」有關的地名，就請你查查看。

第八站
糖業與糖鐵

五分車大觀園

臺南

木造的烏樹林車站，曾經是新營、東山與白河三地旅客往來的匯集之地。

這幾年懷舊之風盛行，位在臺南烏樹林糖廠在停止製糖後，將廠內的相關設施加以整理，五分車也重新復駛。

一進到園區，就看到端莊的木造烏樹林車站，而站前的鐵軌上也有許多老舊的火車頭與車廂，還有一座五分車文物的展示館，以及國內難得一見的鐵道展示——

道班房頗有幾分日治時期第一代平房車站的味道，右側的建物就是最早的售票房。

道班房。這些景象讓人彷彿回到昔日五分車載客的榮景，更像是一座五分仔車大觀園。

日治時期每一個製糖會社都有自己四通八達的路網系統，以便將甘蔗送進製糖廠，五分車從最早的運送甘蔗與蔗糖，到後來成為兼具客運的用途。在糖業鐵道的用語，前者稱為「專用線」，後者就叫「營業線」。

陳列整齊的道班工具或零件，其中有用來固定鐵軌的道釘，測量軌距的軌距尺，做為挖土堀深的夾土器等……。

烏樹林糖廠的道班房，就國內鐵道的展示內容來看，是非常少見而珍貴的。

日治時期的烏樹林糖廠原隸屬明治製糖株式會社，自昭和十九年（民國三十三年，西元一九四四年）開始經營客運，第一條是新東線（新營到東山），昭和二十一年（民國三十五年，西元一九四六年）烏樹林車站完工後之後又增加白河線。

不過隨著公路的普遍，各地五分車載客的角色日漸式微，烏樹林糖廠營業線於六十八年畫下休止符，糖廠也在四年之後歇業。

烏樹林糖廠的五分車，悠悠晃晃的重新開動。

比較起不少轉型觀光的糖廠，烏樹林糖廠有一項獨有的特色，那就是保存完整的早期道班房。道班房位在烏樹林車站的左前方，烏樹林車站尚未完工前，道班房右側加蓋的建物，就是最早的售票房。

說道班是五分仔車的幕後功臣一點也不為過，因為五分仔車能夠在鐵道上安全而順暢的奔馳，全靠道班對於鐵軌的巡察及維護。而這項工作常常不分晝夜，日曬雨淋可以說是家常便飯，特別是颱風大雨過後，更得冒著生命的危險進行鐵軌的搶救，所以道班又被稱為「苦牛」。

烏樹林糖廠的五分車，在民國九十年又重新開動，儘管是載甘蔗的貨車改裝，而不是真正的客車車廂，但是沿途都有專人解說，坐在悠悠晃晃的小火車上，欣賞沿途美麗的田野風光，讓我們能回味往日的「甜蜜」時光。

臺灣小書房

昔日的緊急通知按鈕

在烏樹林糖廠內有一座五分車文物的展示館，其中有一項很特別的展示品——響燉。過去通訊不發達的年代，沒有電話，也沒有無線電，所以

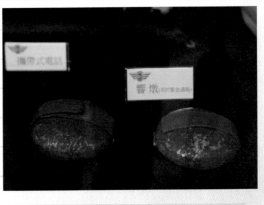

火車站與火車司機很難相互聯絡。當鐵軌上有事故發生時，內部藏有火藥的響燉就成了最佳的緊急通知按鈕。鐵道人員將它置放在鐵軌上，火車壓過後響燉的爆炸聲、火光與煙霧，就成了緊急通知的訊號。

　　在烏樹林車站前的鐵軌上也有許多老舊的五分車車頭與車廂，請你找到圖中這兩輛藍白塗裝的列車，她們和一般的五分車有什麼不同？

尋尋覓覓
中南線

臺中

中南線沿線僅存的車站太平驛。

載甘蔗的鐵路與五分車，比較正式的名稱是糖業鐵道。追溯臺灣糖業鐵道，是起源於高雄的橋仔頭製糖工廠，最早的時候是鋪設一種可以拆裝的軌道，以水牛拉引貨車。

後來隨著臺灣糖業的發展，糖業鐵道愈來愈普遍，甚至逐漸具有載客的功能，在那

中南線的起點中南驛，現在被稱作臺中後火車站。

個公路交通不方便的年代，四通八達的糖鐵，是人們前往各地最重要的交通依賴。

創建於日治時期大正元年（民國元年，西元一九一二年）的臺中糖廠，隸屬日本帝國製糖會社，曾經每日壓榨甘蔗量可達 550 公噸。並於大正五年（民國五年，西元一九一六年）鋪設一條從臺中跨越烏溪到南投的五分車路線，也因為這條鐵路

聯繫了臺中與南投，自然被稱做「中南線」。中南線在民國五十年停駛之前，也成為當時往來臺中與南投兩地人們非常重要的交通動脈。

中南線以帝國製糖會社臺中營業所為大本營，起站是中南驛，也就是現在的臺中後火車站，經過太平後，跨越頭汴溪鐵橋來到車籠埔，再由番子寮進入大里，途中經過霧峰，然後再跨過烏溪鐵橋後，就正式進入南投縣境內而抵達草屯，終點站就是南投。

帝國製糖會社是中南線的大本營，後來被稱為臺中糖廠，下圖是臺中糖廠僅剩的行政辦公建物。

日人戰敗返臺後，中南線持續營運，然而民國四十八年重創中部的「八七水災」，也把中南線的烏溪鐵橋沖垮，由於修復成本過高，加上糖業逐漸走下坡，臺糖公司並未將中南線修復，因此中南線只能通車到烏溪以北。進入公路運輸日漸發達的五十年代，

中南線曾經過烏溪，聯絡臺中和南投兩地。

中南線終於停止營運，沿線的鐵道與車站也被陸續拆除。

如今沿著中南線所經過的太平、大里、霧峰、草屯等地，已經很難找到「中南線」鐵軌的蛛絲馬跡，全線車站也只剩下如今變身為臺中後火車站的中南驛，以及太平驛。臺中糖廠也因一個不當的開發案而幾乎全部拆除，如今僅存的昔日行政辦公室。

如果沒有特別提起，這段曾經滿載甘蔗的輝煌鐵道，曾經令乘客翹首盼望的小火車，儼然在歷史記載或人們的記憶中完全消失。

臺灣小書房

五分車的由來

糖業鐵道的軌距只有 762 釐米，比起縱貫線的鐵軌 1067 釐米來得窄，所以就籠統的稱為「五分車仔」。只是也有部分鐵道專家指出，臺語的五分是一半的意思，如果用軌距來看，糖業鐵道的軌距比起縱貫線超過一半甚多，所以正確的說法應該是指稱糖鐵火車時速只有一般火車的一半。總之，「五分」在這裡的用法應該是形容其為「小型」火車的意思。

臺中糖廠殘存的五分車鐵軌。

舊糖廠何去何從

上圖是臺南麻豆總爺糖廠中一段樟樹的綠色步道,這個糖廠目前已經轉型成功能的藝文中心。事實上,臺灣現在還有不少舊糖廠,有的被暫時保留,有些轉型成為觀光園區,你覺得這些舊糖廠的下一步怎樣規劃比較好,為甚麼?建議你先查查看其他的案例,再來思考這個問題。

糖業鐵道的
黃金路線

雲林

北港溪鐵橋是糖業鐵路最長的鐵橋。

「自動車坐阿舍，五分仔車拖甘蔗」，這是一首叫做「自動車」臺灣童謠前兩句的內容。什麼是「五分仔車」？那是大約在九十幾年前，日本人統治臺灣時所引進的一種簡易鐵道。

臺灣糖業的歷史可以從荷蘭人占領臺灣的時候算起，但是大規模的生產則要到日治時期。那時候臺灣的中、南部普

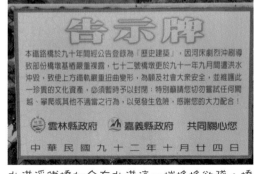

北港溪鐵橋如今在北港這一端搖搖欲墜，橋頭還有提醒安全的告示牌。

遍種植甘蔗，為了將這些甘蔗送到糖場製糖，就運用這種成本比較低廉的「五分仔車」，作為非常重要的運輸工具。也因為以運糖和甘蔗為主，也稱糖業鐵路（簡稱糖鐵）。再者列車總是洋溢著甜蜜的味道，就有「甜蜜的五分仔車」的暱稱。

雲林縣的北港糖廠，在過去也有幾條運送甘蔗的五分車路線，其中一條最出名的就是聯絡嘉義和北港之間的嘉北線。

嘉北線自明治四十四年（民國前一年，西元一九一一年）開始營運，這條路線所以能夠通車有一個很重要的原因，就是跨越北港溪的北港溪鐵橋完工。全長878.63公尺的北港溪鐵橋，是糖業鐵路最長的鐵橋，而且是唯一一座橋體呈現「弓形」彎曲的糖鐵橋梁，在國民政府來臺後，也被取了一個非常具有特定意識型態的名稱──「復興鐵橋」。

昭和年間北港站進出旅客已超過十萬人人次，如今卻被拆得體無完膚。

當時公路交通不方便，四通八達的糖鐵，更搖身一變成為人們前往各地最重要的交通工具，至於「嘉北線」更是一條「黃

北港溪鐵橋南岸的「坂頭厝」車站舊址。

金路線」。根據一些歷史文件的記載，昭和十年（民國二十四年，西元一九三五年）在北港站乘車之旅客已達57349人次，而下車旅客也達到73492人次，至於北港火車站更是非常重要的火車站。

只可惜，如今北港火車站與鐵軌被拆得體無完膚，北港溪鐵橋也是搖搖欲墜。還好，在靠近北港溪鐵橋南岸一個稱作「坂頭厝」的村子，結合了陶藝與鐵道，讓

後代子孫與遊客還能身歷其境，避免只能從相片中想像老一
輩人們搭乘五分仔車的樣子，以及令人垂涎的「甜蜜」滋味。

臺灣小書房

進香鐵道

　　嘉北線因為可以串聯縱貫鐵路，而且這條鐵道連接了媽祖信仰十分鼎盛的北港與新港，不只是雲林、嘉義一帶人們南來北往的要道，更是進香旅客最方便的路線，

嘉北線別號「進香鐵道」，圖中是北港溪南岸一段被修復的鐵路，往北就可以到達有朝天宮的北港；往南則是進入有奉天宮的新港。

所以當時鄉親們就給嘉北線一個別號──「進香鐵道」。

一樣鐵橋兩樣情

　　上圖是北港溪鐵橋在新港這一端，被整修成可供步行與觀景的設施。北港溪鐵橋連接北港與新港，因此來到這裡，一定要從北港與新港兩端欣賞這座鐵橋。在北港這一端的橋體搖搖欲墜，原本懸於其上的鐵軌已經扭曲變形。但是在新港這一頭，卻是上圖的模樣。對於這樣的對比，你有什麼看法或是建議？

糖鐵唯一桁架鐵橋

虎尾溪鐵橋兼具壯觀的氣勢與優美的氣質

虎尾溪鐵橋採取三段式的桁架設計，在國內非常少見。

位在雲林縣虎尾鎮的虎尾溪鐵橋，與虎尾糖廠有著密不可分的關係。現在的虎尾糖廠的前身就是日治時期的虎尾製糖所，日治時期大正十五年（西元一九二六年）虎尾製糖所產量位居全臺第一，因而使虎尾有「糖都」的美稱，更是臺灣早期的三大製糖廠之一。

當時在他里霧（斗南鎮舊稱）與五間厝（虎尾鎮舊稱）設立了一條縱貫鐵路支線，這樣才能將虎尾糖廠所產製的粗糖，藉由鐵路運至港口，再運送回日本做成精糖，因此虎尾溪鐵橋可說是當時虎尾製糖所糖業鐵路運輸的最重要功臣。糖業鐵路運輸也就是俗稱「五分仔車」，最早

是用於運送製糖所需的甘蔗和成品，而在日治時期，甚至是民國五、六十年，卻同時也是當時人們非常重要的大眾交通運輸工具。

鐵橋西側的「蕃薯庄板仔橋」，方便糖廠對岸的蕃薯庄居民往來於虎尾鎮。

根據相關的資料顯示，虎尾溪鐵橋建於日治時期昭和六年（西元一九三一年）。日治時期有許多鐵路橋梁都是採取鋼材桁架橋的設計，只是虎尾溪鐵橋應該是國內糖業鐵路中唯一一座的鐵製桁架橋。所謂的桁就是指屋頂下面托住椽子的橫木，其原理就是用另外一個架子支撐橋梁重量。

從虎尾溪北岸欣賞鐵橋的正面，會感覺到一股壯觀的氣勢，但是卻又不失優美的氣質。當我們站在虎尾溪河堤上一覽其

在板仔橋上遠眺虎尾溪怡人的風景。

全貌，卻又發現整座鐵橋從北側開始，桁架逐漸往南降低，是採用看似三段高低不等的鋼架花樑設計。

虎尾溪鐵橋還有一項特色，就是民國四十二年鐵橋西側加建一條可以讓行人與腳踏車通行的木板橋，以方便糖廠對岸的蕃薯庄居民往來於虎尾鎮。民國八十七年木板橋重新修復，並且取名「蕃薯庄板仔橋」。

如果有機會到虎尾一遊，板仔橋絕對是不可錯過的景點，特別是在夕陽西下

時，散步在板仔橋上，想像過橋時有「小火車」相伴，更可以遠眺虎尾溪怡人的風景。離開前，別忘了去糖廠的販售部嚐一根有名的糖廠冰棒。

臺灣小書房

鐵橋之外的虎尾

虎尾是在日治時期因為糖業發達而興起，更曾經是虎尾郡的郡治所在。儘管現在也因為糖業的沒落而顯得安靜，但是糖廠、虎尾驛、郡役所、合同廳舍、郡守官邸、鐵橋等歷史建築，使得這個小鎮蘊含濃厚的歷史氛圍，甚至讓人有置身東瀛的異國感受。

位在虎尾郡役所對面的虎尾合同廳舍建築。

桁架橋在臺灣

　　上圖是舊山線的大安溪鐵橋，連續桁架與縱橫交錯的鋼梁，構成了令人迷惑的圖案。桁架橋因為有美麗又繁複的鋼梁，所以又被稱做花梁鋼橋。

　　這種橋梁在日治時期甫完工的縱貫線鐵道，曾經獨領風騷，更是縱貫線鐵道能夠通車的重要功臣之一，因為依賴這種桁架橋，才有辦法架通臺灣西部的幾條大河的兩岸。你知道臺灣目前還有哪些日治時期留下來的桁架橋嗎？

第九站
鐵道與車站

老車站新設計

泰安車站的外觀為灰色與米黃的
洗石子，營造一種穩重的感覺。

一般來說，火車站都比鐵軌來得高，但是在臺中市后里區的泰安車站，卻是在鐵軌下方。而且車站內的設計，就算到了現在都還很先進。

泰安車站是舊山線上的一站，舊山線是什麼意思？「山線」名稱的由來當然因為這段路線丘陵地形發達，還有是因為另外有一段海線鐵路。民國七十六年時，臺鐵實施鐵路西移及雙軌化工程，民國七十七年新山線完工，這段鐵路就被稱為「舊」山線，泰安站也因為這樣而停止營運。

鐵軌下方就是泰安車站的站房。

泰安車站隨著日治時期明治四十一年（西元一九○八年）縱貫鐵路的完成而同時創設，後來升格為三等站，才開始辦理客貨運業務，最早的時候稱作大安站。日治時期

昭和二十年（西元一九三五年）四月二十一日的「墩仔腳大地震」，將原本木造站房震得傾斜而不堪使用。三

剪票口的欄杆，採圓弧的線條設計，是非常先進的做法。

車站另一項人性化的安排——行李托運的窗臺離地面很低。

年後重建完成，也就是我們現在看到的車站。民國四十四年，因當時大安溪堤防簡陋，每有大雨即氾濫成災，村民希望改為「泰安」，取其國泰民安之意。

　　這個車站是一樓的鋼筋水泥建築，最外層覆上灰色與米黃的洗石子，外觀顯得典雅古樸，但

採隱藏式的大門，打開後就隱身在牆壁的夾層中，兼具美觀與安全。

是有許多設想周到且人性化的設計。圍繞正面、南側與背面的「ㄇ」字形迴廊，主要是考慮臺灣多雨的天氣。售票口的檯面，剪票口與出口的欄杆都是木製，為了旅客的安全，木頭的銳角都被除去，改採圓弧的線條，在視覺上也多了一份柔順之美。車站的木製大門設計也非常獨到，採隱藏式的安排，門打開後就隱身在牆壁的夾層中，不只美觀也減少旅客碰撞到門上玻璃的危險。

　　最後要回答文章一開頭的描述，泰安車站是舊山線上的一站，因為這段路線丘陵地形發達。泰安車站位在大安溪河谷，兩側是較高的山坡，因此才會造成車站比

鐵軌的位置低。

　　泰安車站蘊藏了臺灣鐵路發展過程中的許多歷史和特色，建議你要來看一看，相信你會有比作者更多的發現。

臺灣小書房

泰安車站的多胞胎

苗栗縣的銅鑼車站。

　　右邊這兩張圖片看起來是不是很像，其實是兩個不同的車站。上圖是苗栗縣的銅鑼車站，下圖是泰安車站。「墩仔腳大地震」後，許多小站必須重建，為了節省成本，就採取同樣的設計，目前還可以看到的，除了泰安與銅鑼以外，還有造橋、清水、二水與橋頭車站。

泰安車站入口處。

探索臺灣一起去

　　上圖是泰安車站的窗戶，四個窗戶打開的高度都不一樣，這種窗戶是所謂的上下疊窗，這在當時頗為流行，但精巧的地方是，窗戶可以無段式的上下開關，能夠隨心所欲的停在任一位置。這是為什麼？來到泰安車站可得好好研究，找出它的原理。

走進鐵路的舊日時光

外觀平凡的「打狗鐵道故事館」，是高雄最早的火車站。

日治時期縱貫鐵路完工後，到後來高速公路未完成以前，有很長一段時間，臺灣人進行比較長途的南來北往，火車可說是最重要的交通工具，也因此和人們的生活有重要的關聯。就讓我們走一趟「打狗鐵道故事館」，重回那汽笛迴盪的舊日歲月。

高雄舊名打狗，「打狗」是來自於平埔族，如今卻成為高雄懷舊的代名詞。在高雄有一座「打狗鐵道故事館」，故事館本身是高雄最早的火車站，因此就用「打狗」來命名。到了日治時期昭和十六年（民國三十年，西

辦公桌抽屜旁的垂直木條上，有著「鐵道部」的烙印，為這木製桌椅留下歲月的痕跡。

元一九四一年），高雄又建了一座新的車站（配合三鐵共構工程，於民國九十一年往東南搬移，現在也變身為「高雄願景館」），這座車站因為靠近高雄港，所

以改稱為高雄港站。

高雄港站是一幢平房建築，外觀並沒有太多的裝飾，在日治時期完成的車站中，是非常樸素的車站，也變成是她的特色。內部主要有三個空間。進

月臺與鐵軌兩者的高度相差不多，是僅存的日治時期「低式月臺」。

門後，左手邊是原來的貨運辦公室，右邊則是站長室與會客室，再往前則是鐵道資料室。

貨運辦公室內保留了許多鐵道辦公的文物，深咖啡色的厚重木頭桌椅，自日治時期使用到現在，經過修復後保存情況良好。抽屜旁的木條上，還可以看到有「鐵道部」的烙印字樣。所謂的「鐵道部」在日治時期直屬日本總督府，管理臺灣鐵路的所有事務。

走出戶外就是月臺區，這個月臺是僅存的日治時期「低式月臺」。我們會看到月臺與鐵軌的高度相差不多，所以以前的人上火車時還要再爬個兩到三階的臺階，後來為了旅客的安全和方便，月臺區就逐漸加高。

人工售票的木頭車票櫃。

展示在軌道區的編號 DT609 蒸汽火車，後方是水煤車，過去的任務是牽引貨物列車。

一座分成一格一格的貨單木櫃，櫃門的文字就是各委託運貨商號的商標，這是高雄港站轉型成為貨運車站的重要見證。

高雄港站目前已經變身成為「打狗鐵道故事館」，展示許多鐵道的歷史收藏，參觀館內外豐富的文物，就好像走進臺灣鐵路的時光隧道，讓我們了解臺灣鐵路發展的歷史與故事。

臺灣小書房

從十幾天到十四小時

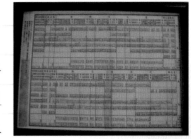

在貨運辦公室走道的牆壁上，掛有一份日治時期明治四十一年（西元一九〇八年）縱貫線鐵路通車時所印製的火車時刻表。從表上我們可以發現，那時候搭乘早上六點從臺北出發的第一班火車，到達臺中是中午十一點四十，需要將近六小時；而抵達打狗是晚上七點五十五分，更花費了將近十四小時。

如果和搭乘現在的自強號或高鐵相比，一定會認為「十四小時」的時間好長。然而還沒有火車之前，以步行從臺北到高雄，至少都要十幾天，因此在當年已經是空前的革命。此外，原本臺灣人不太有時間觀念，也因為要準時搭上火車，而變得要守時。

探索臺灣一起去

　　上圖中有一個圓形白底黑色十字的列車停止標，請你找出她在高雄港站的位置，並說出有什麼功能？

花東線僅存的老車站

臺東

關山舊站是臺灣唯一有著日本北海道
地區農家風格的車站。

你曾經搭乘過東部鐵路火車嗎？你知道
臺東縣關山鎮還保留了舊的關山
車站嗎？如果這兩個問題你的答案都是肯定
的，那你可稱得上是東部鐵路的玩家。

靠近軌道的一側，有兩個對稱的圓形窗戶，
在多數的正方形窗戶中顯得非常突出。

由於地形阻隔造成交通的不便，臺灣的
東部比起西部的開發來得比較慢，同樣的東
部鐵路的建設比起西部也來得晚，日治時期
明治四十一年（民國前四年，西元一九〇八
年）縱貫鐵路正式通車後，隔年臺東鐵路的鋪設才正式展開。

日治時期被稱為臺東線的這段鐵路，以花蓮為起點，臺東為終點，全線幾乎
是全新鋪設，唯獨在臺東和里壠（關山的舊地名）之間的鐵軌，是收購自臺東製糖

株式會社（臺東糖廠日治時期的名稱）完成於日治時期大正八年（民國八年，西元一九一九年）的私人鋪設鐵路，關山舊站也在同一年完工，到大正十一年（民國十一年，西元一九二二年）臺東線正式營運。

和臺灣其他日治時期的車站比較起來，關山舊站的建築很有特色，她不是都市那種豪華氣派的式樣建築，也不像許多鄉間小站的木造日式民宅，而是一種日本北海道地區的農家或穀倉的風格。

車站外觀最引人注意的就是正面五邊形的屋頂，下方的山牆則有四扇直立式的氣窗。車站中央主體是鋼筋水泥，外層附上洗石子，屋簷有三道水平線，中間有突出的雨庇，有三個供出入的門口。兩側是

從側面看關山舊站，別有一番風情。

關山舊站北邊，還有數間連棟的日式木屋，是原來的員工宿舍。

木造的站房，有大面積的長方形木格窗戶，提供良好的採光和通風，但是通往月臺門口兩側，各有一個圓形的窗戶，增添了巧妙的變化。

民國六十九年花東鐵路拓寬，鐵路局另外在舊站南方百來公尺處，新建了關山站，舊站也因此功成身退。有一陣子，關山舊站也因為廢站而變得破舊不堪。到了民國九十四年經過重新整修後，讓這個鐵路東部幹線僅存的日治時期歐風建築風格

的車站，能夠被保留下來，為我們訴說東部鐵路發展的歷史。

臺灣小書房

東西鐵路不相同

總長一百六十幾公里的東部幹線，尚未電氣化。圖中是東部幹線上的一個小站－山里。

　　日治時期開始，東部鐵路的建設比起西部也來得晚，到目前為止，花蓮與知本之間，也就是被稱為「東部幹線」的鐵路，還沒有電氣化。因此，這段路線都得依賴柴油機車頭來帶動列車，也導致目前往返臺北、臺東之間，旅客不是須在花蓮乘換列車，不然就是在花蓮站更換動力車。不過臺鐵預計在一○二年完成東部幹線的鐵路電氣化，屆時這樣的情況也不復見。

古蹟周邊也逛逛

　　觀察古蹟時，千萬不要忘了也繞一繞周遭的景物，會讓你有意外的發現，進而對該古蹟有完整的了解。沿著關山舊火車站前的小路往北走不遠，就會看到一幢獨立的日式木屋（上圖）。其黑色的日本瓦與木頭的雨淋板屋牆，洋溢著濃濃的和風。你知道她和關山舊火車站有什麼關係嗎？

記載林業鐵道的車站

宜蘭

木造的天送埤車站有著懷舊的黑色屋瓦

就如同糖業鐵路是為了載運蔗糖，還有一種也是屬於五分車仔的鐵路，那就是運送林木的小火車，也可稱作林業鐵路。就讓我們一起去拜訪位於宜蘭縣三星鄉的天送埤車站，因為這是一座記載臺灣林業鐵道的古味建築。

宜蘭的太平山是日治時期臺灣所謂的三大林場之一，是非常重要的木材產區，日本人為了將砍伐下來的木材送往山下，設置了羅東森林鐵道。日治時期大正十三年（民國十三年，西元一九二四年）正式通車，以銜接太平山的山區鐵路，所以羅東森林鐵道又被稱作「平地鐵道」。

車站外的木椅和廊道，讓旅客可以休息與等候，也不用擔心蘭陽多雨的天氣。

　　這段鐵路全長約三十六公里，從土場到竹林，總共有十座車站，天送埤車站剛好位在中點。羅東森林鐵道原本是以運輸木材為主，但是和糖業鐵路一樣，客運成了後來非常重要的任務，一度是沿線居民倚賴的交通工具。第一次探訪天送埤車站，還巧遇了一位年近八十歲的老先生，他回憶民國三十幾年時，他身為公務人員，曾經搭乘這條鐵路上太平山，還不斷提到當時這條鐵路的盛況。

迷你的售票口，在早年的老火站很常見。

民國六十二年的太平山森林鐵路列車時刻表的復刻版。

　　經過五十幾年的營運，由於太平山林場轉型不再砍伐木材，公路交通也日漸發達，民國六十七年一場颱風，嚴重破壞了這段鐵路的路基。因為維修經費過於龐大，終於在民國六十八年八月，羅東森林鐵道正式劃下休止符。

　　天送埤車站是沿線唯一被保存下來的木造車站，宜蘭地區因為下雨的日子很多，所以車站在設計時也考慮了這項因素。車站的售票口是一半開放式的空間，只要在側面的廊簷下，旅客就可以直接購票。不像一般的火車站，必須要真正進到火車站才能從售票口買票。正門外側有很長的屋簷，讓旅客在等待的時候，不用擔心

下雨所造成的不方便。

　　走到站房內則全部都是辦公空間，當年使用的桌椅、保險櫃等陳設也被保留而加以復原，讓到此參觀的人好像回到數十年前的時空。

臺灣小書房

三大林場與林鐵

　　日治時期臺灣被日本人當成是「森林國」，為了開關與運用臺灣的森林資源，當時在臺灣有所謂的三大林場，分別是阿里山、太平山和八仙山。

阿里山森林鐵路平地與山地交接處的竹崎站。

這三座林場也都設有林業鐵道，以加速木材的運送。只是這三條林業鐵道只剩阿里山還在營運，太平山有部分被存下來，至於八仙山鐵道則全部被拆光。

　　上圖是天送埤車站外不遠處的一座轉車盤，你知道這座轉車盤有什麼功能，又為什麼會在天送埤車站有這樣的設施？

被山包圍的車站

苗栗

勝興已經成為熱鬧的觀光景點，但是木造車體與站前的南洋杉，仍舊交織一股悠然。

在西部縱貫線鐵路中，和「山」最有關係的車站，大概非十六份驛莫屬了。

十六份是勝興的舊名，據說過去這裡曾是樟腦盛產之處，此地有十六座蒸餾樟腦的腦灶，因此而得名。

隱身在秀麗的關刀山麓下，遺世獨立的十六份驛，四週被山丘阻隔，所以南北端各有一個隧道，北邊是舊山線一號隧道，南邊則是舊山線二號隧道。

這座車站的建築主體，於日治時期大正元年（西元一九一二年）興建。最特別的是，當地傳言十六份驛被關刀山九座外形像虎頭的小山峰包圍，而十六份驛就在虎穴之中，為了破除這樣不吉的風水地理，

勝興曾經是樟腦盛產之處，此地有十六座蒸餾樟腦的腦灶，因此舊名十六份。

三支矛戟構成的米字型斗栱以及屋簷最下緣處
鋸齒狀的令符，是勝興車站獨一無二的特色。

勝興四周被山林環繞，有著獨特的靜謐氣氛。

這座木造車站有幾項特殊的裝飾，以達到鎮邪避煞的功能，也使得她在臺灣現存的木造車站中，可說是頗具特色。

最引人注目的，應該是屋簷與柱子之間的米字形斗栱。仔細觀察會發現在柱頭與木板的交接處，除了原本為了增加支撐強度的斜向木條外，還有三支像矛一般的傳統兵器，相互交叉構成米字形狀，其中心點還綴有一八卦形狀的木鈕。此外，屋簷最下緣處，沿著房屋四周，圍繞著一排鋸齒狀的裝飾，應該就是華人傳統道教信仰中的令符。

出了車站往月臺前行，就會看到一座紀念碑，上面寫著「臺灣鐵路最高點」、「海拔四〇、三二六公尺」。當然嚴格來說，十六份驛應該是西部縱貫線鐵路最高點，也因為這樣，早年火車為了爬上十六份，還必須加掛車頭，或是在軌道上灑煤屑以增加摩擦。甚至在國共內戰期間，大陸地區對砂糖需求殷切，利用勝興一帶火車速度較慢，上演了官、民、商相互勾結的糖包搶劫戲碼，進而引發勝興地區土匪

猾獝的說法。

　　這座超過百年歷史的車站，有清雅山林的浪漫、奇異的民俗風水之說、講究的建築與語彙以及獨特的地理位置與歷史典故，值得我們前來一探。

臺灣小書房

僅存的磚拱隧道

　　十六份驛南北端各有一個隧道，北邊是舊山線一號隧道。這個隧道完工於日治時期明治三十七年（西元一九〇四年），長度有230公尺，日本人在統治臺灣的前期，建築物大多數用磚塊作為建材，當時舊山線隧道也是用磚塊砌成。只是「墩仔腳大地震」後，僅有一號隧道未被震垮，也是舊山線唯一僅存的磚拱隧道。

　　勝興站往南望去，軌道的盡頭是所謂的「二號隧道」（見上圖）。日治時期的會在隧道口上題字，但是國民政府來臺灣以後，為了消除所謂殖民的餘毒，都會加以破壞。請走近一點，看看題了哪兩個字？題字的人是誰？題字的時間呢？（提示：和臺灣縱貫線鐵路的開發有重要的關聯）

距離臺灣海峽最近的木造火車站

苗栗

全部以木材打造的新埔站，有一種鄉下人家的親切感。

位在苗栗縣通宵鎮，有一座距離臺灣海峽最近的火車站，車站全部是木造，她的名字叫做新埔車站。

西部鐵路幹線在臺中和苗栗境內有一項特色，那就是除了山線鐵路外，還有一條與山線平行的海線鐵路。日治時期明治四十四年（西元一九〇八年）縱貫線鐵

站在新埔站門口，就可以看臺灣海峽。

路（就是現在的西部鐵路幹線）完工通車後，經過一段時間的營運，逐漸發現山線鐵路在苗栗與臺中一帶，因為鐵路的坡度很陡，彎道又大，造成火車車速大為降低，這樣的情況，不僅不利於貨物的運輸，且造成行車時間的延誤。

為了改善這樣的情況，當時的臺灣日

本總督明石元二郎，選定比較靠近臺灣西側海岸線的地勢平坦地區，另外興建一段海線鐵路。海線鐵路於日治時期大正七年（民國七年，西元一九一八年）開始測量，大正十一年（民國十一年，西元一九二二年）十月十一日全線通車營運，並於十月三十在通霄站舉行通車典禮。

車站內一長列的木椅，如今鮮少有候車的乘客坐在其上。

位於苗栗縣通霄鎮的新埔站，就是這條海線鐵路中的一個小站。由於所在的位置較為偏僻，一天當中在這裡上車的人也不多，但算一算已經有將近九十年歷史，而木造的車站更讓人有一種鄉下人家的親切感。

從正面看車站，不對稱是新埔站的特色之一，例如候車室外 L 型簷廊，屋頂左右兩側也是不一樣的造型。另外，比較一般日治

牛眼窗是新埔站非常顯眼的裝飾。

時期木屋的雨淋板全部採用橫式排列，新埔站下半部是採直立拼貼的方式。

另外屋頂側面與後面各有一造型特殊的牛眼窗，讓原本方正的木屋多了一點變化的趣味。進到裡面，全部為木造的售票窗口、行李託運臺、候車椅……一樣不缺，真可謂麻雀雖小五臟俱全。當年為了節省成本，在新埔北邊還有大山、談文兩個車站，在外觀設計上完全一樣。

新埔站是距離臺灣海峽最近的火車站，站在站門口往西邊看去，臺灣海峽大概就在百公尺之外，彷彿還可以聞到陣陣海風吹來的鹹味，因此更能體會到這條鐵路為什麼被稱作「海線」。

臺灣小書房

山線與海線之爭

　　海線鐵路設立之初，一度引起山線沿線民眾抗議，最後在當時明石總督表示不惜以武力壓制下，工程才順利進行。海線通車後，一度正式取代山線成為縱貫線。只是當時臺中

上圖中，最左側是電氣化之後的海線鐵路，中間石砌橋墩是最早的海線鐵路大安溪橋。

州下轄的臺中市已具都會型態，且山線沿線人口較多，後經臺中地區民眾奔走，應將山線改回正線的陳情，終於在大正十四年（民國十四年，西元一九二五年）以後，演變成客運列車多走山線，貨物列車多走海線的安排，但仍具分庭抗禮之態勢。縱貫線鐵路全線電氣化之後，山線重回正線之地位。如今海線鐵路不僅列車少，乘客也顯得冷清。

探索臺灣一起去

山線與海線的交會

　　上圖是臺中市的追分火車站，「追分」在日語中是分歧的意思，這裡有一條可通往山線最後一站——成功站的鐵路，一般都稱做「成追線」，所以追分正是海線與山線的分歧點。接下來請想一想或查一查，如果從臺中火車站要搭火車到大肚，會經過哪幾個車站呢？

探索臺灣一起去參考答案

單元	章	參考答案
第一站 水利工程	水往高處流	**電動抽水馬達** 缺點：需要使用電、有噪音 優點：方便而省力 **水車** 缺點：無法移動、難以控制 優點：不需要使用能源、安靜
	生態工法的老河堤	1. 這些卵石的大小幾乎都很接近。 2. 卵石的排列幾乎都是以「六顆圍繞一顆」（少數也會有五包一或是七包一），就像蜂巢一般的穩定結構。
	農業轉型的功臣	水閘門、水隧道、水橋、水車。
	不是人走的橋	1. 因為水圳而產生的地名：三條圳、圳頭。 2. 因為水閘門而產生的地名：頭汴（汴就是水閘門）、東汴、三汴頭、汴頭。 3. 因為水橋而產生的地名：景美、水景頭、浮景（景是從「梘」轉變而來） 4. 因為水車而產生的地名：水車（南投縣竹山鎮富州里）。
第二站 地方特產	海邊生產的古代水泥	蚵灰加上從油桐樹種子壓榨提煉的褐色桐油，就變成油桐灰。木造的船隻因為木板間有縫隙，就得用油桐灰來填補縫隙，讓船隻能夠滴水不滲。靠海的安平地區，船隻是捕魚和運輸的重要交通工具，這也是蚵灰在安平地區受到重視的原因之一。
	米粉炒吃到飽	傳統的作法是將米粉放在竹製的架上，主要是借風力將米粉「風乾」，而不是像南部鹽水的「意麵」主要是依賴陽光「曬乾」，所以晾米粉的竹架是半直立，而不是平放。而且要注意沒放米粉的那一面竹架才是受風面，才能避免米粉直接受風而扭曲變形，而且米粉煮起來才會「Q」。

單元	章	參考答案
	木業造就的漆器故鄉	採漆是一項辛苦的工作，工人手帶麻布白手套，手持漆刀；生漆夜間較容易採集，所以工人頭上還要配備照明光源；腰間配掛集漆桶與蚊香，前者是用來驅趕山林間的蚊蟲，後者做為生漆收集的容器。
	臺中鄉土小吃大麵羹	略
	酸鹹飄香的老社區	湯：豬血湯、下水湯、豬肚湯、魚湯、福菜肉片湯。 點心：虎咬豬。 菜餚：薑絲炒大腸、炒木耳。
第三站 公共建築	走向現代化的市場	有八個出入口。另外在四邊的中間各有一個出入口，可以直接連接市場的內埕和外面的街道。眾多的出入口，和流暢的動線，讓人們進出更加方便。
	防空洞大觀園	內部光線陰暗，可以改成視聽媒體放映室。 共鳴不錯，可以做為小型演奏廳。
	僑匯學校的美麗見證	禮堂前的廊柱是紅磚砌成的圓柱，據說是防止學生碰撞而受傷的特別設計。
	僅存的華僑會館	民國四十七年臺灣中部發生非常嚴重的八七水災，旅居國外的華僑當時發動捐款賑災，最後將剩餘的經費建置了數所學校，為了感謝與紀念華僑的慷慨善行，特別以「僑」字開頭來為這些學校命名。
	中南部自來水的先驅	水源地這個稱呼或地名的由來，應該是源自於日治時期的自來水水源取得之處，也是臺灣邁向現代化的民生用水的歷史見證。一般來說，水源地應該會有自來水廠、淨水設備或是水塔等供水設備。
	變身銀行的舊臺中圖書館	仔細端詳，會發現這四根柱子就像四枝筆尖端朝上的六角鉛筆。為什麼要用這樣的表現手法？因為這座建築物是圖書館，可能是建築設計者，提醒大家在閱讀之餘不要忘了作筆記。

單元	章	參考答案
第四站 官方廳舍	日治時期的 州廳	以紅磚組砌的拱形地梁，有效分散建物的重量，並且更具防震效果。
	日治時期的 郡役所	大屯郡役所廳舍已被列為臺中市的歷史建築，但是官方的資料也不確定其完工時間。不過，就前述廳舍建築特色的分析──紅磚建材為主，而外觀風格上多少還是延續大正年間的「巴洛克式」基調，但是不若大正年間建築強調繁複的裝飾，而是以較簡化的手法表現，非常符合大正末年與昭和初年建築特色。根據此兩項條件研判，推測應屬大正末年與昭和初年間的建築，也就是臺灣建築史學者口中所謂「折衷式樣建築」。
	日治時期的 鄉公所	1. 臺北州海山郡三峽庄役場 2. 臺中州大屯郡烏日庄役場 3. 臺中州豐原郡內埔庄役場 4. 臺中州彰化郡芬園庄役場
	活化再利用 的庄役場	博物館、地方產業館、社區活動中心、圖書館、研習中心、咖啡館。
第五站 民俗與 生活	傳統女性角 色的標示	1. 從性別平權的觀點來看，傳統的牌坊總是強調女性對丈夫的從一而終；對子女的教養之責，但是對於男性卻沒有類似的標準或要求。 2. 從人性的角度出發，追求個人生活上的身心與隸屬、被愛的滿足是人們的基本需求，然而牌坊過度強調盡孝守節的責任，不只禁錮人性，更可能造成當事人龐大的生活壓力。
	重視功名傳 統的樓閣	從「文昌閣」二樓與三樓內部的天花板，最能看出其圓形與八邊形的結構。
	義渡嘉舉永 存人心	「義渡」的經營與維持所需的經費，有很多都是運用募得的善款購買義田，再將歲收轉賣，以支應購買船隻、船隻的維護和僱用船夫等費用。

單元	章	參考答案
	土地公拐的謙卑祈求	開店、工作賺錢；考試成績優良；身體健康平安。
	敬天畏地海山館	1. 獅子口中咬著雙劍代表鎮煞的意思。 2. 劍獅周圍繪有蝙蝠圖騰，因為「蝠」與「福」同音，所以有祈福的意涵。 3. 劍獅以朱紅色為主要色調，代表主人是富貴人家。
第六站 街屋與民宅	中西合璧的大宅院	略
	轉型藝文之家的醫師別墅	事實上建築物十足反映了當代的政治、社會、文化的氛圍，而以日治時期的官方廳舍來看，更是具有高度的政治意涵，特別是在日治前期，官方建築總是選在重要路口，藉由宏偉巍峨的外觀，以及現代化的工程技術，不只引領風潮，成為民間模仿的對象，更藉此彰顯統治者的威權。
	布農傳統家屋	略
	有煙囪的房子	1. 娛樂：酒吧、舞廳、咖啡館、熱門音樂、看電影、烤肉、舞會 2. 飲食：可樂、咖啡、麵包、蘋果、西餐與牛排
	和你玩看圖猜謎的洋樓	1. 是一顆大臼齒的外型，原為螺陽齒科。 2. 不強調立面的對稱、三角形大木窗、不規則波浪構成的抽象圖案、單一圓拱式小窗臺。 3. 「大正街屋」屬於巴洛克式風格，房屋的立面常常呈現左右對稱、許多特定式樣的柱子、各種花草與勳章裝飾、具體的圖案。
	樟腦採集繁榮的聚落	客家人在原鄉就有採樟焗腦，而來臺灣最早聚集的桃竹苗丘陵就是適合樟樹生長；山區生活較不易，而採樟的收入較高，自然吸引客家人投入此項工作；其後夾著技術的優勢與適應山區生活的能力，成為各地採樟焗腦的要角，並建立新的客家聚落。

單元	章	參考答案
第七站 歷史橋梁	外型像烏龜的紅磚橋	1. 苗栗縱貫線鐵路舊山線的魚藤坪斷橋，也是墩仔腳大地震的見證。 2. 桃園縣龍潭鄉的大平紅橋，是一座比濟安橋較大型的五拱磚橋。
	市區古橋的代表	中山綠橋完工於明治年間，距離現在已經超過一百年，那時候過去路燈還非常少見，電力也不普及。因此這燈柱有著非常重要的照明功能，據說當年到了晚上，當燈亮起時，中山綠橋更成為當年臺中市最具魅力的夜景之一。
	橋名就在欄杆上	1. 橋所在的地理位置，例如本書所介紹的大吉湖橋； 2. 材料就是橋名，例如本書所介紹的北港溪橋，在當地都被習慣稱為糯米橋； 3. 特別的紀念意涵，例如本書所介紹的太平橋； 4. 深遠的寓意，例如本書所介紹的濟安橋；標示方位，例如本書所介紹的金門橋。 （參見王派仁著《走著橋》一書）
	用糯米做的橋？	金門橋因位於下城里的西邊，在中國天干、五行與方位表示上，西就是「庚辛金」。因此「金」乃有代表西方之意涵，而「門」則具有出入口之象徵，「金門」代表著扼守西方出入口的意涵。
	如同積木堆疊的石板橋	從石碑上的記載，可以做以下的推測： 1. 從石碑上的建橋發起人是日本警官則來陸夫，推測建橋的時間是日治時期。 2. 發起人白士安與陳金好；董事人是白存達與白心婦，及其他捐款人姓白者不少，可見該地白姓居民多，且是村子中的領導人。 3. 捐款總人數超過一百二十人，對照坪林鄉志日治昭和年間全鄉人口也不過一千兩百人上下，漁光村位處偏遠人口應該很少，因此可以推想捐款人數可說是非常踴躍。

單元	章	參考答案
	原汁原味的水薕橋	可能是為了呼應了水薕橋所在的佛教勝地獅頭山，而蓮花為佛教中最常見的植物。此地是臺灣最富佛教歷史光澤的聖地之一。根據相關的文獻指出，獅頭山的開發是遲至嘉慶以後的事，一直到光緒年間，桃園人邱大公發現獅巖洞，開始在此集資興建佛寺，成為獅頭山佛教聖地開山的第一人。而勸化堂與元光寺（獅巖洞）均是創建於清代的古剎，而二、三百年來，獅頭山已經成為臺灣重要的佛教聖地。
	僅存的日治時期木橋	1. 臺北縣平溪鄉嶺腳村，村內有一個乾隆年間安溪潘姓所開闢的小聚落，稱之為「柴橋坑」。 2. 南投縣集集鎮明新書院附近，也有一個「柴橋頭」的小地名。
第八站 糖業與 糖鐵	五分車大觀園	巡道車是糖廠所展示的眾多骨董級車廂之一，本身有動力，過去是廠長或幹部巡視之用，所以又稱為大人車。
	尋尋覓覓中南線	1. 配合周邊資源轉型為以觀光為主的糖廠。 2. 運用糖廠的製糖設備與製糖人員轉型為糖業博物館。 3. 重新整修糖廠辦公廳舍與廠房，結合地方歷史、文化與產業成為博物館或是藝文展覽中心。 4. 保留糖廠內的樹木與綠地，整修成為公園或生態園區。
	糖業鐵道的黃金路線	略
	糖鐵唯一桁架鐵橋	臺灣目前留下來的日治時期桁架橋，最為有名的應該就是屏東的下淡水溪鐵橋，還有臺中市的大甲溪鐵橋與大安溪鐵橋。

單元	章	參考答案
第九站 鐵道與 車站	老車站新設計	因為兩側窗框中各藏有一條細繩，下端有銅錘，兩個同錘的重量和窗戶幾乎一樣重，所以才能保持平衡。
	走進鐵路的舊日時光	在候車月臺；讓火車司機準確停止列車的標誌。
	花東線僅存的老車站	這是日治時期的關山站的站長宿舍，除了舊火車站之外，火車站的站長與部分員工宿舍也被保留下來，目前被活化利用為民宿。
	記載林業鐵道的車站	天送埤車站剛好位在羅東森林鐵道中點，而土場到天送埤之間的路段沿著溪流而築，非常容易受到溪水沖毀。也因此當時為了防止這條路線中斷時，還可以維持天送埤到羅東、竹林間仍然能夠通行，因此設置了轉車盤，讓火車頭能夠調轉方向。
	被山包圍的車站	臺灣總督府民政長官（任職時間 1898~1906）於隧道口題上「開天」二字。
	距離臺灣海峽最近的火車站	臺中 --> 大慶 --> 烏日 --> 成功（以上為山線南下）--> 追分 --> 大肚（以上為海線北上）。

國家圖書館出版品預行編目(CIP)資料

超好玩歷史：走！出門看臺灣故事 / 王派仁 著. --
初版. -- 臺北市：書泉，2013.1
　　面；公分
ISBN 978-986-121-805-2(平裝)

1. 臺灣史 2. 通俗作品

733.21　　　　　　　　　　101023666

3WA1

超好玩歷史
走！出門看臺灣故事

作　　　者 – 王派仁（23.8）
發 行 人 – 楊榮川
總 編 輯 – 王翠華
主　　編 – 蘇美嬌
編　　輯 – 蔡明慧
封面設計 – 果實文化設計工作室
出 版 者 – 書泉出版社
地　　址：106台北市大安區和平東路二段339號4樓
電　　話：（02）2705-5066　傳　　真：（02）2706-6100
網　　址：http://www.wunan.com.tw
電子郵件：shuchuan@shuchuan.com.tw
劃撥帳號：01303853
戶　　名：書泉出版社

總 經 銷 朝日文化事業有限公司
電　　話：（02）2249-7714
地　　址：新北市中和區橋安街15巷1號7樓

法律顧問　元貞聯合法律事務所　張澤平律師

出版日期　2013年1月初版一刷
定　　價　新臺幣280元

行政院新聞局局版臺業字第1848號